VOS

Leon Verdonschot

VOS

HET LEVEN VAN LUC DE VOS

LEBOWSKI PUBLISHERS
AMSTERDAM 2024

De uitgeverij heeft getracht alle rechthebbenden van het illustratiemateriaal te achterhalen. Diegenen die desondanks menen rechten te kunnen doen gelden, worden verzocht contact op te nemen met de redactie.

Eerste druk, april 2017
Vijfde druk, november 2024

Omslagontwerp: Riesenkind
Typografie: Crius Group, Hulshout
Foto auteur: © Bob Bronshoff

ISBN 978 90 488 7539 9
ISBN 978 90 488 3164 7 (e-book)
NUR 661

www.leonverdonschot.nl
www.gorki.be
www.lebowskipublishers.nl
www.overamstel.com

OVERAMSTEL
uitgevers

Lebowski is een imprint van Overamstel uitgevers bv

Inhoud

I

Maar laat mij nog iets weten,
je mag mij niet vergeten
Ik leef onder de sterren
die jij ziet aan de hemel
Laat mij nog iets weten,
je mag mij niet vergeten

Gorki – 'Tijdbom' (van het album *Vooruitgang*)

Het was nieuwslezeres Martine Tanghe van de VRT die het Vlaanderen vertelde. En haar stem, gewend om het meest vreselijke en verdrietige nieuws aan het volk mee te delen, brak.

Luc De Vos. Gorki. Gent. Tweeënvijftig. Overleden. In zijn werkappartement, om de hoek bij zijn huis.

Een volledig land in rouw verklaren; het is doorgaans een schromelijke overdrijving. Maar wat de dood van Luc De Vos de dagen erna leek los te maken, laat weinig andere termen toe dan nationale rouw. Zo diep zat het verdriet en zo diep zat blijkbaar de liefde voor Luc De Vos.

In Wallonië en Nederland was het een kort bericht op de cultuurpagina, in Vlaanderen was het voorpaginanieuws van alle kranten.

Net nadat zijn moeder was overleden. En op de veertiende verjaardag van zijn zoon Bruno. Bijna te tragisch voor toeval. Dus waren er speculaties. Drank? Drugs? Zelfmoord? Twee dagen later, op maandag, kwam er uitsluitsel. Luc was overleden aan 'acuut falen van een aantal vitale organen', een woordcombinatie die nog nooit iemand had gehoord.

Er was verdriet, massaal verdriet, en de wens daar uiting aan te geven. Zowel bij intellectuelen die daar de woorden voor hadden, als bij het volk dat het zwijgend deed. Het volk van wie hij de held was, het volk dat het gevoel had een dierbare bekende verloren te zijn, al hadden ze Luc wellicht nooit gesproken en kenden ze hem alleen van zijn liedjes of van televisie.

Luc verenigde beide werelden, zoveel werd duidelijker dan ooit. Hij was de volkse intellectueel. Had zich uit een arbeidersmilieu omhooggewerkt, gelezen en geschreven, maar was er tegelijkertijd altijd onderdeel van blijven uitmaken.

Misschien maakten de paradoxen die hij in zich verenigde hem zo herkenbaar voor veel mensen. Hij was preuts, maar wierp vanaf zijn podium plectrums in decolletés. Hij schreef een volledig nummer over Kylie Minogue, maar kon ook Houellebecq citeren. Hij voerde Sartre op in zijn liedjes, maar de hoofdpersonen daarin droegen vrijwel altijd namen uit de volkswijk: Johnny, Eddie en Bartje. Hij was een linkse conservatief. Of misschien correcter: een conservatieve progressieveling. Een luiaard die een ijzeren arbeidsethos uitdroeg. Een wereldburger in zijn eigen hoofd, die verlangde naar Londen of New York, maar dan moesten die steden wel in Gent liggen. Een zelfverklaarde natuurliefhebber, mits het groen op loopafstand was. Een christen die het hedonisme de liefde verklaarde. Een man die zich al oud voelde toen hij nog jong was, en jong wilde zijn toen hij oud werd.

Luc De Vos was eigendom van Gent en bij uitbreiding van Vlaanderen. Dat was zo vanzelfsprekend geworden dat het eigenlijk niet meer opviel, wat ook gold voor het genie van zijn teksten en voor de omvang van zijn talent. Desalniettemin was hij, in de woorden van zijn eigen lievelingsschrijver, niet onopgemerkt gebleven.

Niemand in Vlaanderen had ooit teksten geschreven als Luc De Vos, niemand kon ze zo herkenbaar zingen. Hij was Vlaams cultuurgoed geworden, zoals zijn liedjes met veel Vlamingen waren meegereisd door hun leven. Van het zomerkamp van de jeugdbeweging als tiener, via de festivals als twintiger, tot hun dorpsfeest als dertiger, en nog lang daarna.

Hij werd gekoesterd, en de mate waarin werd duidelijk toen op de zaterdag na zijn dood, ver voor de aanvang van de begrafenis om elf uur, niet alleen de vijftienhonderd stoelen van de Onze-Lieve-Vrouw Sint-Pieterskerk waren gevuld, maar om tien uur ook al een menigte van vijftienduizend mensen zich op het plein voor de kerk had verzameld. Die menigte luisterde stil naar liedjes van Gorki, en applaudisseerde toen de kist met Luc De Vos werd voorgereden, terwijl het nummer 'Beste Bill' klonk.

De dienst was sober. Geen parade van anekdotes en typeringen, maar een bijna klassieke katholieke dienst, naar de wens van Lucs vrouw Sandra. Die had, net als Luc zelf, altijd een voorkeur gehad voor een afscheidsceremonie met de nadruk op rituelen en de dood in het licht van de eeuwigheid, in plaats van op de persoonlijke herinneringen en het particuliere verdriet. Dat was niet voor nu en vooral niet voor hier, te midden van al deze mensen. Dat was voor thuis.

Bisschop Luc Van Looy sprak zoon Bruno, Sandra, de broers en zussen van Luc, zijn beste vrienden en de bandleden van Gorki toe. Hij noemde Luc oermenselijk. Wie Luc ontmoette, zei de bisschop, had daar telkens een goed gevoel bij. En hij memoreerde de essentie van Lucs christendom: de overtuiging dat de liefde sterker is dan de dood.

Vriend en collega-schrijver Christophe Vekeman richtte zich tot Luc, maar ook tot de mensen in de kerk en de menigte op het plein, en sprak waarschijnlijk voor een belangrijk deel ook namens hen. Wie behoefte had aan symboliek, en op een dag als deze had nauwelijks iemand die behoefte niét, kreeg die aangereikt in de vorm van de zon die, na dagen grijs grauw, doorbrak op precies het moment dat Vekeman het woord nam. Zijn ontroerende speech eindigde met een ode aan Lucs lach:

Een van mijn lievelingsgeluiden op deze wereld was het geluid van je lach – niemand kon zich zo aanstekelijk bescheuren als jij. Je lachte vaak en graag, dwars tegen je aangeboren weemoed in, en je lach klonk telkens weer alsof je ook zelf genoot van het feit dat je lachte. Alsof je had gevochten voor je lach, en nu je overwinning vierde. Je was niet van nature allerlichtvoetigst, je bent niet euforisch ter wereld gekomen, maar je slaagde er dag in dag uit in torenhoog boven jezelf uit te stijgen, en de enige mensen voor wie je werkelijk minachting voelde, waren zij die klagen en zuchten en zeuren om niets. Jij was opgewekt uit principe, je noemde het "onze taak om gelukkig te zijn", en geluk was wat je zelf zonder te versagen, schijnbaar onvermoeibaar najoeg, en geluk was wat je bracht in de levens van ons allemaal. Je was en zal blijven een voorbeeld, een voorbeeld van hoe het moet en van hoe het zou moeten, een schoolvoorbeeld van een – met hoofdletters, en in de hoogste betekenis van het woord – Goed Mens. Iemand met een hart dat groot genoeg was voor het voltallige mensdom om in te wonen. Die de toekomst als een kans zag die geen mens mocht laten liggen. Iemand die zonder voorbehoud het beste wilde maken, niet enkel van zijn eigen leven, maar van deze hele wereld. Iemand die kwetsbaar en gekwetst was, maar er vooral toch voor gezorgd heeft dat wij nu, vandaag, in eer en geweten elkaar kunnen troosten door te zeggen: "Jongens, hij heeft toch een enorme hoop lol getrapt." Je was schitterend, Luc, makker, baby, je schitterde. Je was een fantastische liefhebber van je prachtige vrouw Sandra en van Bruno, je zoon op wie je zo trots was, en je leven was voor mij en talloze, talloze mensen een groot en geweldig geschenk, dat wij zullen koesteren zolang wij koesteren kunnen. Ik ben het niet gewend – en ik wil er ook allesbehalve een gewoonte van maken – om in naam van een volledig volk te spreken, maar wij zijn behalve verdrietig ook blij, geloof me, en wij zijn gelukkig, en wij zijn dankbaar, voor je optredentjes en je liedjes en je columnpjes en boekjes, Vosje, voor je magistrale kunst, voor je vriendschap en je liefde, en in één woord: voor je leven. Het was perfect zoals het was. Het had langer moeten duren, maar het had niet beter gekund.

Alle aanwezigen in de kerk en op het plein kregen een prentje met daarop Lucs foto, een citaat uit het Gorki-nummer 'We zijn zo jong' en de tekst '12 JULI 1962 – 29 NOVEMBER 2014. ECHTGENOOT VAN SANDRA, PAPA VAN BRUNO, MUZIKANT, SCHRIJVER EN ZANGER VAN GORKI FROM BELGIUM'.

Zijn vrienden Jan Bekaert en Bruno Matthijs hadden de kist gekozen. Die was eenvoudig, net een wijnkistje. *After the Gold Rush* van Neil Young lag naast Luc in de kist.

Veel mensen bleven hangen op het plein en op andere plekken in de stad, waar 's avonds bandjes en singer-songwriters liedjes van Gorki speelden. Dit volksfeest vormde de omslag van rouw naar het vieren van Lucs leven en werk, dat nog maandenlang zou duren, op vele manieren en plekken. Het plein Bij Sint-Jacobs kreeg een nieuwe naam: het Lieve-Kleine-Piranha-plein. De Gentse kunstenaar Bram De Smet schilderde op de muur van de oude betoncentrale een afbeelding van Luc, met daaronder de tekst 'ALLEEN EL VOS BLIJFT BESTAAN'. Op meerdere muren in Gent dook een afbeelding van Luc op.

Gorki's 'Mia', al eenentwintig jaar in *De Tijdloze* van Studio Brussel, waarvan drie jaar op één, kwam opnieuw op de eerste plaats, net als in de 100 op 1-lijst van Radio 1, met de beste Belgische nummers aller tijden volgens de luisteraars. Het nummer bleef klinken tijdens iedere wedstrijd van AA Gent, in de tweeënvijftigste minuut. Ter nagedachtenis aan Luc, verklaard voetbalagnost en schrijver van het voetbalkritische lied 'You'll Never Walk Alone'.

Luc kreeg postuum een Lifetime Achievement Award bij de jaarlijkse uitreiking van de Music Industry Awards, beter bekend als de MIA's. In 'Het meisje uit het lied' van singer-songwriter Jonas Winterland verwees hij naar 'Mia': '*Mia heeft het licht gezien/ Weet ondertussen iedereen / Maar als zij nu de afwas doet / Dan doet ze dat alleen*'.

Tijdens een project voor migranten kregen nieuwkomers in de Ancienne Belgique in Brussel Nederlandse les door samen klassiekers uit de Vlaamse popmuziek mee te zingen. In een bovenzaaltje van het AB-café zaten ze met geprinte Gorki-teksten op schoot, terwijl Luc vanaf een groot scherm 'Lieve kleine piranha' zong.

Tijdens de augustuskermis van Wippelgem werd het laatste optreden van Gorki op de Gentse Feesten vertoond. Een jaar later werd in zaal De Molen in Wippelgem een eerbetoon aan Luc gehouden. Driehonderd mensen, onder wie Lucs weduwe Sandra en zijn manager Noelle, zagen Freddy Engels (een huisvriend van de familie De Vos, die Luc nog had geholpen zijn eerste gitaarakkoorden onder de knie te krijgen) onder meer Christophe Vekeman interviewen over het belang van Lucs werk.

Sandra en Noelle hadden opgeroepen tijdens het afscheid geen bloemen mee te nemen, maar een bijdrage te storten voor het natuurgebied waar Luc niet lang voor zijn dood peter van was geworden: de Gentbrugse Meersen, ter zuidoosten van Gent. Er kwam ruim 25.000 euro binnen.

Op 12 juli 2016, Lucs verjaardag, werd in het natuurgebied

een hoekje geopend ter nagedachtenis aan Luc: de Voshoek. In Wippelgem kwam een wandelroute langs plekken die van belang waren geweest voor Lucs leven. Beginnend bij de kerk, eindigend in het kasteeldomein.

Vele honderden mensen tekenden in de dagen na Lucs overlijden de rouwregisters in Gent en Wippelgem. Zij bieden misschien wel het beste zicht op de populariteit van zijn publieke persoonlijkheid.

Luc wordt in al die teksten toegesproken, bejubeld en vooral bedankt. In vaak opvallend amicale formuleringen, waarin een mens doorgaans een dierbare oude vriend toespreekt, maar zeker geen onbekende. Wat vooral opvalt is het enorme aantal keren dat zijn eigen teksten langskomen. Er is een volledig universum ontstaan van Vossiaanse zinnen, die ook uit hun nummer getild overeind blijven en talloze emoties lijken uit te drukken – zelfs wanneer die emoties betrekking hebben op het overlijden van de schrijver ervan.

'Luc, je staat nu dichter bij de sterren dan ooit tevoren.'

'Je was een verrijking voor de Vlaamse muziek. Jouw strijd is gestreden, rust nu maar zacht.'

'Hé Vosken, wie had er van ons tweeën gedacht dat ik uiteindelijk als laatste mammoet ging overblijven?'

'Niemand gaat verloren. Jij zeker niet.'

'In *De Slimste Mens* deed je met je Schotse rok iedereen verbazen, maar wij zeiden: zo is Vosken uit Wippelgem!'

'Gent mist z'n bard. Vaarwel lieveling.'

'Je hebt de mensen vijfentwintig jaar wijsheid gebracht en warmte gegeven, ze gaan je nog minstens vijftig jaar onthouden. Het ga je goed, meneer Luc. Peace, makker.'

'Luc heeft het licht gezien.'

'Wie zingt voor ons het lied van morgen? Vaarwel, lieve rockster, man van het volk.'

'Luc, soms vraagt een mens zich af: wie gaat er voor de kinderen zorgen? Wie zal het anders doen? Nu jij er niet meer bent.'

'"In de show van je leven is er een zee van tijd," zong je ooit. Wist jij veel.'

In mei 2016 verscheen de dichtbundel *Ben jij liefde* van Mustafa Kör, voormalig stadsdichter van Genk. Zijn gedicht 'Het uur van de vos' droeg hij op aan Luc.

het legioen wast
al volroze schuimend
donkertes schoon

de opera van de haan
in mineur deze ochtend

schroom ontvouwt
het geharrewar van straten

beneveld uur waarin vos niet van
hond valt te onderscheiden

dalende engelen, aanhoorde
gebeden, is mij aangeleerd

ik wil ze geloven en knielen
voor elkeen opnieuw die ons
jou geven kan

II

Vader werkte in een goudmijn
In diepe duisternis
Alleen de kolen die hij vond
Mocht hij voor zichzelf houden
En hij gaf zijn loon aan moeder
In alle eerlijkheid
En hij dacht dat hij rijk was
Hij dacht niet aan wat hij achterliet
De tijd die vloog voorbij
En voor hij het wist
Was hij allang weer verdwenen

Gorki – 'Zal ik het ooit begrijpen' (van het album *Vooruitgang*)

Een jaar of tien was Luc De Vos toen hij het zijn moeder vroeg.

'Kinderen, ma, hoe komen die er eigenlijk?'

Haar antwoord was kordaat. 'Da komt allemale vanzelfs.'

Het was volgens de kalender 1962 toen Luc De Vos werd geboren, maar hij kwam in meerdere opzichten ter wereld in een vooroorlogs gezin.

Zijn vader Robert was van 1912. Roberts vrouw Irma, met wie hij in de oorlog was getrouwd, was vijf jaar jonger. Maar wel al vijfenveertig toen ze beviel van Luc, haar zevende kind, en door een leeftijdsverschil van acht jaar met zijn jongste broer een klassiek nakomertje. Raymond, Solange, Nicole, Bea, Mark, Erik. Acht jaar later en zeer ongepland: Luc. Lucs zus Nicole: 'Het idee dat ze zwanger was, acht jaar na haar laatste zoon, dat was een tijdje wel een onwennig idee voor ons moeder. Ze was er zelfs even verdrietig over. Maar dat veranderde al snel. Dat kind was zeker welkom.' Dolgelukkig kwam Robert De Vos op zijn brommer terug van het ziekenhuis in Gent, om de kinderen te vertellen dat Luc was geboren. Hij gooide in al zijn gehaaste enthousiasme zijn brommer zelfs tegen de muur.

De visie op het leven van Robert en Irma stamde niet uit de jaren zestig, maar van ver daarvoor. Werken, niet dromen. Zorgen? Bidden, niet praten.

Zo was het leven in Wippelgem Eindeken, aan de achterkant van de Burggravenstroom, te Evergem, in het Meetjesland. Plat land, waterland.

Wippelgem ligt vlak bij het dorp Sleidinge, geboortegrond van voormalig eerste minister Wilfried Martens en in *Ex-drummer* van Herman Brusselmans de plek waar de drie gehandicapte muzikanten van The Feminists meedoen aan de Eerste Grote Rockprijskamp. Wippelgem ligt ook vlak bij Ertvelde, waar Eddy Wally zijn eigen feestzaal had, Paris-Las Vegas.

Wippelgem zelf had niets van dergelijke frivoliteiten. Het had wel de Gerardsmolen, die drie jaar na Lucs geboorte werd gerestaureerd. En Wippelgem had een enorm gebied aan kasteelgrond rond het Kasteeldomein uit 1375, waar de *Ecce Homo* van Jeroen Bosch nog een tijd had gehangen. Recht tegenover dat kasteel lag de Boskapel, waar Luc later zijn eerste communie zou doen, waar hij zou trouwen, waar zijn zoon zou worden gedoopt en waar de begrafenisplechtigheid van zijn moeder zou plaatsvinden.

Wippelgem was, kortom, zeker geen onooglijk gat, maar een gat was het. Dat in tegenstelling tot veel andere dorpen in de omgeving niet al te veel te lijden had onder de oprukkende industrie, al toonde Luc zich later in zijn boeken kritisch over elke verandering van het landschap ten opzichte van zijn jeugdherinneringen.

Op mijn eerste tocht naar het bos achter de vliet ging ik mee met mijn vader en mijn drie broers om bosgrond te halen. We vertrokken vanaf de weide langs de straat. De weide waar we de honderden wilgen knotten. Ik was vijf jaar. We liepen langs het water, langs de koekoeksbloemen. Het water schoof traag naar de horizon toe. Het water is zoals het leven, het schuift naar de horizon toe, dacht ik toen. Ik had die zin wellicht van de televisie. We hadden net televisie gekregen en ik was er niet van weg te slaan.

(Uit: *De rest is geschiedenis*)

Lucs vader was fabrieksarbeider in de staalindustrie. Sadaci heette de fabriek, in precies dat uitdijende Gentse havengebied. Luc had geen idee wat zijn vader er precies deed. Hij zag hem 's ochtends vertrekken op zijn brommer, en 's avonds kwam Robert De Vos terug om te eten en zich daarna met zijn wat gekromde loop naar de tuin te begeven. Zwart van de roet, schreef Luc weleens op.

'Daar klopt niks van,' zegt Lucs zus Solange. Ze maakt er een wegwuifgebaar bij, en voegt eraan toe: 'Zoals van vrijwel alles wat hij over zijn jeugd heeft geschreven niks klopt. Wij waren een modern en mooi gezin, en daar is in zijn schrijfsels niets van teruggekomen.'

Broer Erik, vergoelijkend: 'Luc had gewoon een levendige fantasie.'

Op andere dagen vertrok Robert De Vos pas aan het begin van de middag, een week later weer aan het eind van de middag. Robert De Vos werkte in ploegen. Hij had zich opgewerkt tot ploegleider en was daar trots op. Broer Erik zegt beslist: 'Wij zijn nooit iets te kort gekomen. Altijd mooie kleren gehad, nooit honger geleden. Maar daar moest wel voor gewerkt worden.'

Robert De Vos' loopbaan was een les voor de kinderen: wie hard werkt en luistert, komt verder. Verantwoordelijkheid nemen. Dat woord viel vaak: verantwoordelijkheid. En in de huidige wereld telt maar één ding, hield Robert De Vos zijn schoolgaande kinderen voor. Broer Erik: 'Dat vodje papier.'

Er was liefde in het huis, maar die werd niet uitgesproken en zeker niet fysiek getoond. Geen knuffels, geen zoenen, wel zorgzaamheid. Warmte, maar niet in woord. Vader was kort van stof, moeder aanmerkelijk langer.

's Ochtends ontbeet het gezin samen aan de grote tafel in de keuken. Kaas, worst van de goede slager, paté uit Gent. Moeder Irma hechtte niet alleen aan beleefdheid, nette kleding en goede omgangsvormen, maar ook aan goed eten. 'Ons moeder was een fiere vrouw,' zegt Erik. 'Fier en kieskeurig. Haar regels waren duidelijk: u deftig kleden, niet gemeen zijn, niet liegen, stelen of bedriegen, en niet te veel over seks praten. Geen onkuisheden dus, eigenlijk.'

Irma was op haar veertiende al begonnen met werken, als dienstmeid bij rijke mensen. En ze was van de oorlogsgeneratie: geluk is een volle koelkast.

Met kerst zat iedereen rond de kerstboom, zong liedjes, dronk chocolademelk en at Gentse *mastellen* met kaneel. Soms liepen ze met zijn allen langs de Burggravenstroom, naast de Schelde ooit de enige toegang van Gent naar de zee. De grote eettafel had acht stoelen, en die waren vaak allemaal gevuld. Erik: 'Alleen vader was vaak afwezig, omdat hij dan werkte. Als hij namiddagdienst had, werkte hij tot negen uur 's avonds, bij nachtdienst tot vier of vijf 's ochtends. Maar ons moeder zorgde altijd dat er eten voor hem was als hij thuiskwam.'

Vader Robert was zelf van boerenafkomst en hij had het kleine boerenbedrijf van zijn schoonvader overgenomen. Achter het huis hield hij koeien en varkens. Als de grote vakantie begon, was hij op zijn land te vinden. Op zijn achtenvijftigste zou Robert De Vos met brugpensioen gaan, dan zou hij er hele dagen doorbrengen.

Robert De Vos stak preien. 'We hadden er wel vijfentwintigduizend in onze tuin,' zegt Erik.

‘Dat kan niet,’ zegt Lucs zus Nicole stellig, ‘maar zeker wel tienduizend.’

‘Dan toch zeker twintigduizend,’ houdt Erik vol.

Aardappelen kweekte Robert De Vos ook. Er bestonden inmiddels machines om die te rooien, maar die hadden ze nog niet, dus dat moest handmatig. De kinderen moesten meewerken. Steken, rooien en anders wassen of kuisen: er was altijd wel iets te doen. Voor iedereen. Op één na: Luc. Die mocht spelen. Als Luc niet speelde, dan droomde hij. Ook hardop. Zijn fantasie was groot.

In de ogen van zijn broers en zussen had Luc dan ook een koninklijk leven. Erik: ‘Luc heeft, in tegenstelling tot wat hij later soms heeft beweerd, een zeer mooie jeugd gehad. Er was altijd iemand voor hem thuis. En zijn moeder en zussen deden alles voor hem. Nooit iets hoeven doen, altijd in de watten gelegd.’

Nicole: ‘Luc was onze prins.’

‘De opvoeding die Luc heeft gehad, was een totaal andere dan die van ons,’ zegt Erik. ‘Hij kreeg veel meer, maar er wás ook veel meer. Sinterklaas kwam zelfs langs in de fabriek van onze vader om cadeautjes voor de kinderen uit te delen. Dat hadden wij nooit meegemaakt.’

Na het werk op het land gingen ze soms zwemmen, meestal in het zwembad van Sas van Gent. Geen probleem voor Robert De Vos, als ze eerst maar goed hadden gewerkt. Eerst arbeid, dan de beloning: de volgorde van het leven.

Het waren gezellige dagen op het land achter het huis. Moeder Irma bracht koffie op het veld, en ze herhaalden de grap dat het aardappelveldje de zee was. Dan riepen ze steeds: hoera, we zijn aan zee!

Erik: 'Er waren enorm veel kinderen die bij ons over de vloer kwamen. Luc had altijd speelkameraadjes.'

Franky Reyniers was een van hen. Hij had een vriendengroep opgericht, de Kelten, en herinnert zich Luc als 'de dapperste der Kelten'. Luc had met zijn levendige fantasie vaak een voortrekkersrol.

'Toen we op een hete zomerdag met enkele vrienden gingen zwemmen, had Luc een verrassing voor ons in de hof. Onder een versleten dekzeil haalde hij een oude kano tevoorschijn, die er waarschijnlijk al een hele tijd lag te rijpen. We togen met zijn allen met de kano naar het kanaal. Met Luc op kop, zo fier als een gieter. Nadat we met veel moeite de kano te water lieten, sprong Luc er met veel enthousiasme in, met zijn peddel in de aanslag. Wij moesten voorop zwemmen, zo zei hij, zodat hij ons in volle vaart voorbij kon varen. Luc vertrok als een olympisch kampioen uit de startblokken. De eerste minuut ging alles goed, tot Luc begon te vloeken als een ouwe non: "Godmiljaar! Ik zit met mijn gat in het water!" Wij maakten direct rechtsomkeer om hem te redden uit zijn zinkend schip. En Luc maar schelden op zijn broers, dat het hun schuld was dat ze de kano hadden laten rotten en er weer niets overbleef voor hem. Met zijn allen hebben we daarna de inmiddels loodzware boot met veel moeite op het droge getrokken. Toen Luc gekalmeerd was kwam er van het zwemmen niet veel meer terecht. We hebben de kano maar achtergelaten, Luc wou geen moeite meer doen voor "dienen vurten kano".'

Samen met zijn vrienden bouwde Franky zelf brommers, onder meer met onderdelen uit de fietswinkel van zijn vader. 'Vergeleken met mijn ouders en die van andere vrienden was Lucs moeder streng. In haar ogen waren wij losgeslagen, en daar moest ze Luc tegen beschermen. Als wij met de brommers gingen crossen in het veld, zag hij ons rijden aan de overkant van het water, en hij mocht niet mee. Dat vond hij echt erg. Hij heeft het letterlijk opgeschreven in "Anja".'

De hooizolder in de schuur van de familie De Vos, dat was Lucs ruimte der geheime genoegens, leerde Franky. 'Mijn pa had seksboekskes, met blote madammen erin. Gekocht in Nederland, net over de grens. Ik had die boekskes gevonden en had vakkundig met een stanleymesje de foto's eruit gehaald. Die rolde ik op, en die verkocht ik op het schoolplein. Luc kocht er ook een paar en nam die foto's mee naar huis, later gevolgd door boekjes met erotische verhalen, ook via mij. Die stopte hij weg op die zolder. Tot zijn moeder er op een dag achter kwam, en hij moest opbiechten hoe hij aan die boekjes en plaatjes kwam.'

Slechts één voordeel heeft mijn nederige afkomst mij tot nog toe geschonken. Bij de eenvoudige, hardwerkende mensen, zoals bij ons vroeger thuis, leefde er een heilige schrik om op te vallen. Die schrik moet nog dateren uit de tijd dat het volk door baronnen en koningen en keizers werd geknecht. Wie zich boven het maaiveld verhief werd ongenadig gekortwiekt, vleugellam geslagen. In mijn omgeving heerste er een dogmatische sfeer, waarbinnen het parool luidde: Doe Stille Voort. Die spreuk hing zelfs letterlijk op de schouw boven de kolenkachel, vlak onder het kruisbeeld met daarop een palmtak. Vanzelf ontstond in die sfeer een nederige levenshouding met aandacht, eerbied en waardering voor de gevoelens en geplogenheden van andere mensen. Deze innerlijke houding mondde uit in een vorm van wellevendheid jegens de wereld om ons heen. Ik sprak altijd met twee woorden wanneer ik een vreemde ontmoette. Ik luister nog steeds eerst met een bereidwillig oor naar wat anderen te zeggen hebben, naar wat er op hun lever ligt, naar wat hun zorgen baart, wat hun vreugde verschaft. Pas dan zal ik het woord nemen om iets over mezelf te verklaren. Vaak zullen dat goede, vreugdevolle zaken zijn: een prettig avontuur dat ik heb beleefd, of een anekdote over de creatieve arbeid die ik dag in dag uit verricht en waaruit de schitterende liederen en de literatuur ontstaat die duizenden mensen vertroosting schenken. En toch zijn er mensen die de dingen die ik doe niet waarderen. Dat begrijp ik ergens niet. Zou dat misschien komen doordat ik niet genoeg mijn best doe? Ja, dat zal het zijn. Ik zal nog beter mijn best doen, dan komt het allemaal goed. Later zeker misschien.

(Uit: 'Ras en afkomst', opgenomen in *Het werk van de duivel*)

Vader was de baas in huis, moeder in de keuken. Robert De Vos was van de duidelijkheid. Erik: 'Als hij zei dat je iets vandaag moest doen, dan moest je het vandaag doen. En met zeven kinderen moet je dan natuurlijk weleens je stem verheffen.'

Robert De Vos was ook zuinig: eigenlijk elke grote uitgave was wat hem betreft overbodig. Geld moest niet rollen, maar stilliggen. Bovendien hield hij niet van veranderingen. Alles was goed zoals het nu was, zo was het immers al jaren. Alle grote uitgaven in huize De Vos werden gedaan omdat Irma het daar tijd voor vond.

Een badkamer, een van de weinige onderwerpen waarover de kinderen ze echt woorden hoorden hebben. Een Amerikaanse keuken. De televisie kochten ze aanvankelijk vooral om de serie *Wij, Heren van Zichem* te kijken. Een echte wc in huis, in plaats van die houten bak boven een aalput, waarvan de inhoud elk jaar werd uitgestort over het land, over de aardappelen en preien die uiteindelijk weer in diezelfde aalput terechtkwamen. Zus Solange: 'Daar moest wel allemaal hard voor gespaard worden.'

Zelfs het toilet vond Robert verspilling, met al dat water. Irma wees dan altijd op het comfort voor haar kinderen en voor haarzelf. En ze wees steeds op de nieuwe tijden die waren aangebroken. De vooruitgang kwam eraan. Hun huis was gebouwd in 1958, het jaar van de Expo, de officiële aankondiging van een nieuwe wereld.

Een telefoon en een kleine auto, die kwamen er ook. De kinderen kregen zakgeld, en soms een frank om snoep te kopen. Behalve in de vastentijd, dan werd er veertig dagen niet gesnoept, en geen alcohol of frisdrank gedronken. 'Ongelooflijk eigenlijk, dat we dat altijd hebben volgehouden,' lacht Erik.

Drinken deed Robert sowieso al nauwelijks. Alleen soms in het café, zeker die keer dat hij koning werd op de schutterij. Robert De Vos, koning van de liggende wip. In café Zachtjes Los in Wippelgem hangen nog steeds foto's van hem als schutter. Erik: 'Maar zelfs dan dronk hij maar twee of drie biertjes op de ganse namiddag. Hij wilde er juist geld mee verdíénen. Ons vader was zeer gedisciplineerd.'

Nicole: 'Onze vader en moeder waren getrouwd in de oorlog. Alles draaide om verantwoordelijkheid.'

Erik: 'Onze moeder dronk wel graag een glaasje wit, een glaasje rood of een whisky'tje. Bij het avondeten stond water op tafel, en tafelbier. Toen Luc drie was, zag ik hem er een slok van nemen. Luc at graag en dronk graag. Toen al.'

Aan Wippelgem Eindeken woonden geen twijfelaars, geen creatievelingen, maar werkers. Nuchtere mensen, mensen met mate. Alles wat Luc niet was, alles wat Luc niet werd.

Luc ging naar de bewaarschool, de voorloper van de kleuterschool, en daarna naar de gemeenteschool van Wippelgem, een klein dorpsschooltje met twee onderwijzers en dertig jongens. Iedere dag op die school was een blije dag, zou Luc veel later in *Humo* zeggen.

‘Vooral de twee jaar met meester De Vos als leraar was een gouden tijd,’ zegt Franky. ‘Als de grote vakantie was gedaan, vond niemand het erg dat de school weer begon. Het was alsof de zomervakantie gewoon doorging. De zomers gaan nooit meer zo ruiken als toen. Het was alsof we de hele wereld aankonden. Meester De Vos had op zijn lessenaar altijd een appel liggen. Die lag er al een paar uur voor hij hem opat. Af en toe poetste hij hem op. Op een ochtend draaide hij zich om naar het schoolbord om aantekeningen te maken, en toen sloeg Luc toe: hij pakte de appel, nam er een grote hap van, legde de appel met de hap eruit aan de onderkant terug op het bureau, en slikte de hap snel door. Tien minuten later begon meester De Vos zijn appel te schillen. We zágen hem gewoon afwegen wat hij moest doen. Meester De Vos heeft zijn appel verder geschild, en er niets van gezegd. Dat was zo mooi aan die man. Andere meesters in die tijd deden aan lijfstraffen, meneer De Vos niet.’

In de herfst knikkerde iedereen, in de winter speelden ze het spel Dikke Berta, waarbij je moest proberen elkaar van de grond te tillen. Het was een zeer fysiek en tamelijk lomp tijdverdrijf. Luc was er gek op. Van vechten hield hij niet.

Franky: ‘We zijn een keer op schoolreis geweest samen met de school van Evergem. Met z’n allen naar Bobbejaanland. Onderweg, tijdens het vrij spelen na de lunch, was het al vechten. Zij van Evergem, wij van Wippelgem: dat was reden genoeg. Luc en ik hebben ons toen nog verstopt in een rioolbuis tot de boel over was.’

Bobbejaanland: dat was al een hele reis. ‘We zijn echt in een cocon opgegroeid,’ zegt Franky. ‘De schoolreis ging naar Bobbejaanland of naar Gent. Stonden we daar ademloos in het stadhuis naar een maquette van Gent te kijken, met een lichtspel erbij.

Een schoolreis naar Opglabbeek in Limburg, dat was iets exotisch, dat geurde naar iets nieuws. Normaal gesproken kwamen we ons dorp niet uit. Later gingen we in de zomer een week naar de kust met de fiets, en namen we daar de tram naar Blankenberge. Dat was het walhalla: daar hadden ze bruine kroegen en muziekcafés.'

Franky zag Luc maar een paar keer boos. Toen hij als grap een krant in brand stak die Luc zat te lezen. 'Dat vuur ging veel sneller dat ik had verwacht. Ik verschoot ervan, want Luc brandde zijn wenkbrauwen weg. Hij was boos op me. Even. En op kamp met de jeugdbeweging heeft hij zich ooit ontfermd over een jong eendje dat hij had gevonden. Hij smokkelde elke dag eten mee voor dat dier, verstopte hem en gaf hem een naam: Robbekrane. Het is het hele kamp goed gegaan, tot zijn grotere broer Mark naar kamp kwam en die eend van hem wilde afpakken. Toen is Luc op zijn broer gesprongen. Zijn grote broer, die toen al in de twintig was. Hij kreeg van Mark een paar tikken zoals ik ze nooit heb gezien, waarvan hij rond zijn eigen as tolde.'

Als Luc op school een opstel schreef, zei meester De Vos dat het wel iets korter mocht, zegt Franky. 'Hij zei tegen Luc erbij: niet meer dan vijf pagina's, hè? Anders bleef hij maar bezig.' Broer Erik beaamt: 'Zijn opstellen waren eigenlijk al zijn eerste boeken.'

Zijn lievelingsmeester zei tegen Irma dat Luc slimmer was dan hij zich voordeed. Hij zei ook dat Luc kunstenaar ging worden. Erik: 'Oei oei, zei ons moeder. Want kunstenaars, dat waren allemaal armoezaaiers.'

Donkere stille gangen
De geur van bleke jongens
Er hangt bloemkool in de lucht
Alsof de duivel er zich mee moeit
Die geur blijft mij bekend

Gorki – 'Donkere stille gangen' (van het album *Plan B*)

Het bidprentje meldde dat Robert De Vos, echtgenote van Irma de Puydt, geboren in 1912 en 'godvruchtig overleden' op 29 juli 1971, niet bezorgd was om zichzelf, maar alleen verwachtingen voor het geluk van zijn gezin had.

Gewoon was zijn leven, zoals brood en wijn in de eucharistie gewoon zijn, maar zij zijn het niet. Zij drukken het mysterie van Gods liefde uit. Ook zijn schijnbaar gewone dagelijkse leven was eveneens vol van het geheim van de liefde, die alleen maar hoop en verwachtingen koestert voor anderen.

Kanker maakte een einde aan dat schijnbaar gewone dagelijkse leven. Longkanker. Het woord viel niet in de spreekkamer, waar Robert De Vos aan de dokter vroeg hoeveel kans hij had. Dat wist hij niet, zei hij. Wat hij wel wist: een mens geeft zichzelf niet op. Nicole hoorde het de dokter zeggen en keek naar haar vader. Die zweeg.

De dokter zei ook niet dat ze hem gingen opereren en een stuk van zijn long zouden verwijderen. Hij zei wel: we gaan een nieuw mens van u maken.

Robert De Vos vroeg: denkt u dat u dat kunt?

Bang was hij, letterlijk doodsbang. Voor wat ging volgen, voor wat ging ophouden, voor de waarheid, voor de dokter. Voor de rit naar het ziekenhuis, want er kwamen steeds meer auto's op de Vlaamse wegen en in de krant stonden steeds vaker berichten over ongevallen. 'Ik zag mijn vader voor het eerst hardop wenen,' herinnert Erik zich, 'en mijn moeder ook. Het waren zware maanden.'

Ook thuis viel het woord 'kanker' niet. Het ging niet goed met vader, dat was wat de kinderen wisten. En dat hij zijn best ging doen, want dat had hij gezegd, in die woorden. Thuis ving met name Nicole veel taken op, ze was als verpleegster wel gewend om de naderende dood in de ogen te kijken. In het ziekenhuis kwam Robert De Vos op een aparte kamer te liggen, vanwege de ernst van zijn toestand. Zijn adem rook bedorven, zijn hoest klonk naar de ziekte die niet werd benoemd.

Zijn kinderen bezochten hem daar geregeld, alleen Luc de laatste weken niet meer. Hij was bovendien op de vrijdag voor de dinsdag dat Robert De Vos overleed op vakantiekamp gestuurd naar de kust, in Middelkerke, bij de christelijke mutualiteiten, met zijn kleren in de kartonnen doos die ze daar vooraf verstrekten.

Zijn zus Nicole belde de leiding, en vertelde dat Lucs vader was overleden.

Ik heb u niet echt gekend. De laatste keer dat ik u zag moet ergens begin juli 1971 zijn geweest, ik was toen acht jaar. U lag in het ziekenhuis te verkankeren. En ik moest op kamp vertrekken met een bende vreemde luizen, honderden jongetjes als ik, kroost van katholieke werkmensen. Ik had nochtans gezegd thuis dat ik er niet heen wilde. Slaapwandelend en doof van verdriet werd ik geleid naar slaapzalen, naar pissijns, naar de refter, en ik dacht: dit hebben mensen uitgevonden voor zichzelf en voor hun kinde-

ren: verzamelplaatsen. Ik kon het tijdelijke er niet van inzien. De dagen vergleden maar waren als voor eeuwig en altijd afwezig. Er was geen vooruitgang, letterlijk. Daar heb ik nu op mijn leeftijd nog last van: ik koester geen hoop voor de toekomst, geloof ik. Ik moet vandaag dronken zijn en morgen zien we dan wel weer en na mij de zondvloed enzovoort. Na afloop van deze totaliteit van tien dagen die zo totaal waren dat ik er nog niet goed van ben, kwam de aalmoezenier mij melden dat u overleden was. We baden samen een onzevader.

(Uit: 'Dag pa', opgenomen in *De roes van het heden*)

Luc ging niet meteen met de bus terug naar huis, maar werd op vrijdag door de aalmoezenier naar huis gebracht. In de auto baden ze nog een weesgegroetje.

Nicole ziet de auto nog voorrijden. 'En Luc uitstappen. Wenend, zoals wij allemaal.' Toen ze Luc drieënveertig jaar later het overlijdensprentje van zijn vader toonde, zei Luc dat hij dat nog nooit had gezien. 'Hij was geschokt. Ik dacht toen: misschien hebben we ons destijds te weinig bekommerd om zijn verdriet.' Maar ja. Iederéén in het huis was verdrietig, en dit waren niet de jaren waarin de mens aan al zijn gevoelens woorden gaf. Niet de jaren, en niet het huis.

Zes weken lang liepen Lucs broers en zussen rond met een rouwband om hun bovenarm. Twee weken na de dood van Robert De Vos vroeg Irma aan Nicole: vader is toch niet aan kanker gestorven? Het was de eerste keer dat ze het woord gebruikte, en Nicole wist toen dat het lang zou duren voor haar moeder de dood van haar man verwerkt zou hebben.

Het werk in de tuin, met al die aardappels en die misschien wel vijfentwintigduizend preitjes: het ging nog even door, maar het ging al snel mis. Na de oogst werd alles afgebouwd en weggedaan. Ook de dieren. De varkens, de twee koeien, de kalfjes. Allemaal, op een paar konijnen na. Broer Erik: 'Binnen vier maanden waren alle dieren weg.'

Het gezin leefde voortaan van een weduwepensioen, zonder extra inkomsten van de verkoop van wat er zoal groeide op het veld, dus het inkomen viel fors terug. Het huis werd ook leger: na de oudste zoon Raymond trouwde ook Mark en die verliet eveneens het huis. De bruiloft was in dezelfde week als de begrafenis van Lucs vader. Afgelasten was niet echt een mogelijkheid: alles was al geregeld en besteld, en iedereen uitgenodigd. Wel werd de bruiloft soberder dan aanvankelijk bedoeld was. Het diner ging door, de muziek niet. Luc mocht opnieuw een kamer in huis doorschuiven.

Nicole ging als laatste van zijn broers en zussen het huis uit toen ze trouwde, op haar zesendertigste. Moeder Irma was er niet gelukkig mee dat Nicole vertrok en liet dat ook merken. Erik: 'Ik denk dat moeder zeven of acht jaar nodig heeft gehad om over de dood van haar man heen te komen. Ze heeft enorm afgezien, ongelooflijk veel. Ze heeft troost gezocht bij Luc, ze heeft zich aan hem vastgeklampt. En Luc zich aan haar.'

Samen namen zijn moeder en Nicole een besluit dat Luc slecht zou bekomen: ze stuurden hem naar het internaat. Niet zozeer uit angst hem niet aan te kunnen, maar vooral omdat zijn moeder vreesde dat ze hem te veel zou verwennen. Dat hij dan niks zou presteren op school, want zoveel aanleg voor presteren op school leek hij niet te hebben. 'Ze zag hem zo graag,' zegt Erik, 'dat ze bang was zo zwak voor hem te zijn. Hij kreeg altijd wat hij vroeg.'

Het internaat, met die strengheid van het gezag en die enorme nadruk op schoolse prestaties, heeft volgens Erik vast vele jongens gesterkt. Maar Luc niet, vreest hij. Niet voor niets noemt hij Luc opeens 'Lucske' als hij dit uitspreekt. Ook jeugdvriend Franky zegt, terwijl hij met zijn hoofd schudt: 'Na de jaren met meester De Vos moet het contrast enorm zijn geweest.'

De school lag in Gent, ruim een uur met de bus vanuit Wippelgem, waar Luc iedere watergeul en iedere dorpsgenoot kende. En elke straat – al waren dat er maar een paar. Als Luc op vrijdag thuiskwam, had Irma zijn lievelingseten gemaakt. Net als op zaterdag. En op zondag.

Ik was op internaat en de hele school stonk naar de gaarkeuken, de geur van gekookte bloemkolen en jongensurine. Zes jaar heb ik daar geleefd op soldatenkoeken die ik had meegenomen van thuis. Ik was zo mager als een lijk. 's Nachts in mijn chambrette droomde ik van voedsel, van kilo's soepvlees en van wafels met boter en bloemsuiker. Ik kwam zelfs niet meer toe aan de erotische denkbeelden die ik in mijn eenzaamheid placht op te roepen. En toen ik op vrijdagavond thuiskwam had mijn moeder een kieken gebakken met frieten en witloof. Wanneer ik aan die vrijdagavonden denk, dan moet ik bijna weer beginnen te huilen.

(Uit: 'Een sociaal kader', opgenomen in *Het werk van de duivel*)

Een paar weken duurde het, toen durfde zijn medescholier Wim De Bock op het Sint-Lievenscollege aan de Zilverenberg het hem te vragen. Waarom deed Luc niet alleen niet mee met voetballen, of met wat dan ook eigenlijk, maar stond hij tijdens pauzes altijd op dezelfde plek naast de toegangspoort van de school?

'Omdat dat het dichtst bij de uitgang is,' antwoordde Luc.

In het eerste jaar zaten ze nog niet in dezelfde klas, maar Luc was Wim toch opgevallen, omdat hij niks zei en zich overal aan leek te onttrekken. 'Die overstap van Wippelgem naar het Sint-Lievenscollege was voor hem veel te groot. Van die paar straten van Wippelgem waar hij binnen vijf minuten van school terug was bij moeder, kwam hij plots op een nieuwe school waar hij niemand kende, en dan ook nog op internaat. Die zei niks, die deed niks.'

Het Sint-Lievenscollege was niet de meest elitaire school van de omgeving, dat was Sint-Barbara, maar goed aangeschreven stond de school wel degelijk. Te hoog, vond Luc: hij had het gevoel tussen een elite te zijn terechtgekomen waar hij niet thuishoorde. Hij was een arbeiderszoon. Veel klasgenoten hadden een vader die advocaat was, of arts, of industrieel.

Het schoolsysteem was van het roemruchte watervalsysteem, en dan ook nog zo deterministisch mogelijk uitgevoerd: niet alleen vielen na het eerste jaar alle zwakkeren af, in de klas werd ook hardop de ranglijst meegedeeld aan de leerlingen. Als je hier faalde, zou je het horen ook, en al je klasgenoten eveneens.

De klassen waren een mix van jongens uit de stad Gent en de vele omringende dorpen, sommige zaten intern, andere woonden thuis. Na het eerste jaar moesten ze een richting kiezen, Luc koos voor de Latijn-Griekse. Gemakkelijk ging het hem niet af. Nederlands, geschiedenis, Engels – dat wel. Maar wiskunde en vooral Frans: hij kon het niet, hij wilde het niet en hij deed het niet. Met Latijn had hij veel moeite, maar Latijn niet halen betekende geen vervolgstudie. Als hij thuis eindelijk klaar was met de verplichte extra oefeningen, zette Luc de tv aan en ging hij op de bank liggen. Hij keek opvallend vaak naar de Evangelische Omroep. Onder meer vanwege hun knappe omroepster, vermoedde zijn broer Erik.

Het was in dit verleden dat ik op het Sint-Lievenscollege zat, en dit geheel buiten mijn eigen wil. Was ik een man geweest, dan was ik in die dagen weggelopen van huis en van school en was ik aangemonsterd op een pakketboot die naar Amerika voer om er ginds mijn fortuin te maken. Misschien was ik in het mooie Los Angeles aangespoeld en was ik er bordenwasser en straatmuzikant geweest, om er na verloop van jaren bijvoorbeeld de jonge James Hetfield tegen het lijf te lopen, en was ik nu gitaarspeler bij Metallica in plaats van Kirk Hammett. Het zijn altijd dezelfden die met hun gat in de boter vallen. Als ik die Kirk nog een keer tegenkom zal ik hem eens confronteren met deze onrechtvaardigheden. Maar nu zat ik dus op het college. Het geschiedde in die dagen dat het maandag was en ik met mijn luizige slaapkop om acht uur in de ochtend op de schoolbanken zat. Van acht tot negen uur was er wiskunde. Er stond een vent vooraan in de klas die getallen en breuken en lijnen en pijlen op het bord tekende. In mijn hoofd woei een zware wind. Ik was een ziek lichaam dat daar aanwezig was. Dat lichaam moet die les in de wiskunde daadwerkelijk overleefd hebben, want het is hier nog steeds na al die jaren daadwerkelijk aanwezig op aarde. Ik heb ooit een keer een plaat gemaakt en die heette Ik Ben Aanwezig. *In die titel ligt de kern van mijn bestaan geborgen.*

(Uit: 'In het zwembad', opgenomen in *Het werk van de duivel*)

Toen de christelijke mutualiteiten in de eerste klas een skikamp organiseerden naar het wintersportdorp Fiesch in Zwitserland, had zijn moeder Luc daarvoor ingeschreven. Toen Wim in de koude januarilucht op de dag van vertrek de speelplaats van de school op liep, de kartonnen koffer vol kleren onder zijn arm, zag hij Luc staan, en vermoedde hij dat die er precies zo over dacht als hij. Zijn sombere blik wekte in ieder geval die indruk. Wim sprak Luc aan en zei dat hij helemaal geen zin had in deze reis, maar van zijn ouders mee moest.

Wim: 'Luc zei: "Trek het u niet aan, Bock, we gaan leute maken."' En precies dat deden ze, een week lang. Ze kozen elkaar als kamergenoot en lachten. Om elkaar, om anderen, om alles. Toen een van de kampleiders, uitgerekend degene die maar bleef herhalen dat iedereen netjes moest aansluiten, uitgleed en in een ravijn stortte, bleven ze er bijna in. 'Zelfs nog voordat we zeker wisten dat hij niet dood was.'

Was er niks te beleven, dan verzonnen ze wel iets. Ze verzonnen een hond, Asker, die ze tijdens het eten voerden. Niemand begreep er iets van, maar dat maakte het alleen maar leuker.

Met Luc kon je lachen en hij verstond de kunst een grap zo vaak te herhalen dat de grap een verbond sloot: iedereen die er de eerste keer niet bij was, werd een buitenstaander.

Luc vertelde af en toe hoe het leven op het internaat was. Vreselijk. Alles, niet in het minst het eten, dat smaakte zoals het oogde. Wim stopte thuis vaak 's ochtends een paar extra boterhammen in zijn trommel, zodat Luc iets fatsoenlijks binnenkreeg. Volgens Luc moesten om tien uur de lichten uit. En de enige posters die ze mochten ophangen, moesten nette zijn, van taferelen die geen jongen op zijn kamer wil hebben: de Alpen of een bos.

In het najaar van 1975 nodigde Luc Wim bij hem thuis uit.

'Maar waar woont gij, Vos?'

Wippelgem, antwoordde Luc. Eindeken 21. Wim vroeg hoe hij daar kwam. Luc had geen idee.

Thuis zocht Wim Wippelgem op, op een kaart. Tien kilometer van zijn eigen woonplaats Mariakerke, in het verlengde van die lange Industriebaan. Die kende hij wel, hij had alleen nooit geweten waar die eindigde.

Toen hij de straat in fietste, zag hij Luc al zitten voor zijn raam. Luc was enthousiast en nodigde hem meteen op zijn kamer uit. Daar lag de reden van zijn enthousiasme, op zijn bed: de twaalfsnarige gitaar die zijn broer Mark, inmiddels getrouwd en het huis uit, hem had gegeven, samen met zijn banjo. Luc pakte de gitaar op en speelde. Hij had duidelijk geoefend.

Lucs kamer was opvallend kaal. Voornamelijk spullen die zichtbaar van oudere broers afkomstig waren. Van broer Erik was ook een poster blijven hangen: de filmposter van het voorzichtig erotisch getinte *Bilitis* uit 1977, zo bevestigd met plakband dat hij heel snel kon worden omgedraaid als Irma de kamer betrad. Wie ook aan de muur prijkte, en door Luc zelf was opgehangen: Romy Schneider. Wim sprak er zijn verbazing over uit, want Schneider was niet de geijkte erotische fantasie van pubers. Bovendien was ze weliswaar twintig jaar jonger dan Lucs moeder, maar niet veel jonger dan de moeders van hun meeste klasgenoten. De filmvrouw waar ze samen om lachten (maar ook wel een beetje over fantaseerden) heette Ilsa, 'Wolvin van de ss'. Ook zij had die afstandelijke, dominante, onbereikbare schoonheid.

Ze luisterden naar muziek op Lucs primitieve platenspeler. Zijn platencollectie bestond uit de muzikale overlevering van zijn broers en zussen, van ''k Zou zo gere willen leven' van Walter De Buck tot 'De laatste dans' van Anja van Avoort. Naar welke bands ze nog meer moesten luisteren, lazen ze in *Humo*. Naar welke zeker niet, dat ook, maar daar trokken ze zich niet altijd iets van aan.

Wim bleef eten. Moeder Irma had de friet met mayonaise gemaakt waar Luc al hoog over had opgegeven. Irma, in haar onafscheidelijke schort, serveerde het zelf. Ze aten ervan tot ze bijna uit elkaar ploften, en toen waren er nog steeds frieten over.

Op school bloeide Luc langzaam op. Hij kreeg door dat hij grappig was, kon onder meer volledige sketches uit de *Dik Voormekaar Show* van André van Duin uit zijn hoofd voordragen. Hij kwam ook met al zijn grappen weg: niemand werd ooit echt boos op Luc.

Hij had in tegenstelling tot veel andere jongens ook geen sportprestaties nodig om populair te worden, want op het voetbalveld deed hij weinig meer dan wild op en neer rennen, om zich heen trappen en vervolgens voor het einde van de wedstrijd verderop in het gras gaan liggen uitpuffen. Aan zijn fysieke aanleg lag het niet, Luc was beresterk. In het gymlokaal klom hij binnen tien seconden aan de touwen naar het plafond, tot verbijstering van Wim en alle andere klasgenoten zelfs met één hand. Toen bij sommige jongens op school de hormonen door het lijf begonnen te gieren, verzonnen ze spelletjes waarbij ze elkaar voor de grap in hun kruis voelden. Luc hoorde niet bij dat groepje jongens, maar zijn nieuwsgierigheid won het uiteindelijk toch een paar keer.

Toen Eddy Merckx in 1976 opnieuw zegevierde in Milaan-San Remo, belde Wim, die zelf ook zo snel mogelijk naar huis was gefietst om Merckx live te zien, Luc om samen deze vreugde te vieren. Luc had geen idee over wie of wat Wim het had.

Nee, dan de muziek; daar praatten ze vaak over en die beleefden ze samen. Toen Luc Bruce Springsteen op de radio had gehoord, fietste hij vijftien kilometer naar Gent en vijftien terug, om in de Bilbo zijn nieuwe lp *Darkness On The Edge Of Town* te kopen, samen te beluisteren, keer op keer, en zijn teksten te analyseren. Dat kwam nauw: een verkeerde tekstregel kon een artiest hard van zijn troon doen donderen.

Aanvankelijk kreeg Lucs muziekliefde dan ook vorm in een zo overzichtelijk mogelijke verdeling in af- en voorkeuren, maar de overzichtelijkheid daarvan nam al snel af. Het enige wat op afkeuring kon blijven rekenen waren pretenties.

Zeker nadat Luc met de christelijke jeugdbeweging, de Chiro, in Evergem de film *Tommy* van The Who had gezien, was hij verloren voor de rock, maar hij bleef een zwak houden voor kleinkunst en folk. Hij fietste naar Scheldewindeke om er Bots en Kris De Bruyne te zien optreden op een festival. Van Boudewijn de Groot kende hij alle teksten uit zijn hoofd. En al waren ze inmiddels allang bekeerd tot de Heere, beslister en rechtlijniger dan Luc dat zelf ooit zou worden: hij hield een zwak voor het zingende folk-echtpaar Elly en Rikkert uit Nederland.

Toen ze op een dag optraden op het Sint-Lievenscollege, durfde Luc Elly zelfs aan te spreken en haar te complimenteren met hun muziek. Elly sprak een zin uit die Wim en Luc nog jaren tegen elkaar zouden herhalen: 'Laat jij ook Jezus in je leven binnenkomen?'

De zanger van wie hij waarschijnlijk het allervolst was, was Freddie Mercury. Dat begon toen hij in 1975 bij *Toppop* de videoclip van 'Bohemian Rhapsody' zag. Deze zanger leek wel van een andere planeet. Dit was een man die de schaamte voorbij was, zoveel was duidelijk. Het spiegelbeeld van de gemene deler. Niets, maar dan ook niets had deze zelfbevrijde, hedonistische opper-janet te maken met het Vlaanderen van de jaren zeventig, waar de verzuiling je nog steeds in een rechte lijn van je doopsel via je communie, je katholieke school, de katholieke jeugdbeweging, na een levenslang abonnement op je katholieke dagblad en lidmaatschap van de katholieke vakbond naar het katholieke rusthuis leidde, ter voorbereiding op je kerkelijke begrafenis.

Luc sloot Freddie Mercury in zijn hart, en toen hij later de verhalen hoorde over diens decadente feestjes waar cocaïne vanaf schalen op het hoofd van lilliputters werd gesnoven, werd de liefde alleen maar groter: Mercury had theater en decadentie verheven tot levenskunst.

Luc had nog meer fascinaties. Hippies bijvoorbeeld. Luc was als zevenjarige weleens met zijn moeder met de bus naar Gent gegaan om met eigen ogen te zien dat daar, net als op de Dam in Amsterdam, inmiddels ook hippies zaten. Zijn moeder vond ze afstotelijk, in hun afkeer van netheid, arbeidsethos, godvruchtigheid en eigenlijk gewoonweg álles waar ze belang aan hechtte. Maar Luc zei toen al dat hij later een hippie wilde worden. Nicole: 'Hij wilde ook een jeansbroek, maar dat mocht niet van moeder. Ze zei altijd: mijn kinderen moeten netjes zijn. Met dat flowerpower en zo kon mijn moeder niet omgaan, al werd ze wel steeds flexibeler. Maar Luc wilde nou eenmaal altijd zijn goesting doen.'

Behalve op zijn kamer hing Luc hele weekends en vakanties graag rond in de ouwemannencafés vol dronkenlappen. Die mannen hadden iets belangrijks gemeen met hippies: ze deden de hele dag niks. Daar hield Luc van. Luiheid was meer dan een deugd, het was een statement.

In Wippelgem was zo'n kroeg vol vaste gasten, Santana, maar dergelijke cafés lagen toch met name in Gent, toen nog een verlopen stad, en dan met name in het Patershol, waar Luc en Wim zich voor een dag één voelden met de vele alcoholisten. Ze zagen in Gent *Jaws*, *Life of Brian* en *One Flew Over the Cuckoo's Nest* en ze aten er hamburgers, die de frituur in Wippelgem nog niet had. Liften probeerden ze ook een keer, naar Antwerpen, maar niemand nam hen mee.

En soms bleven ze ook gewoon in de buurt en fietsten ze naar een kreek, waar ze met hun voeten in het water wat in het wilde weg praatten, en dan gingen liggen, naar de lucht keken en zwegen. Dat konden ze ook heel goed samen: zwijgen.

In 1978 ging Lucs klas opnieuw op schoolreis, nu naar Parijs. 's Avonds liepen de scholieren samen met hun leraren door de stad. Ze zagen enkele zwarte mannen staan, die juwelen op een uitgerold tapijt verkochten. Dat vonden ze spannend, zulke mannen had je in Evergem niet. Ze hadden net voldoende vocabulaire om een gesprek met deze mannen aan te knopen.

Toen hun gesprek ten einde liep en Luc en Wim om zich heen keken, bleek de rest van de groep doorgelopen en verdwenen. Ze waren zestien, het was nacht, ze waren in Parijs en ze vonden het geweldig. Dat hun hotel ergens in de buurt van de Champs-Élysées lag, herinnerden ze zich nog, dus dat gingen ze wel terugvinden. Maar eerst viel hier een wereld te ontdekken. Een wereld waar de gezichten van Jean-Paul Belmondo en Catherine Deneuve op de gevels van bioscopen hingen, waar de restaurants oogden als in films, waar uit ieder steegje een wereld leek op te doemen die werkelijk spannend was, die beleefd diende te worden, géleefd vooral, en wel door hen.

Luc fantaseerde hardop over een leven met geld en vrouwen en overvloed, een leven waarin hij meer op Freddie Mercury zou lijken dan op om het even welke inwoner van Wippelgem.

Wim vroeg hem hoe zo'n leven in zicht zou kunnen komen. Wim: 'Hij zei: "Weet ge wat, Bock? We beginnen een popgroep. Koopt u ook een gitaar!" "Wijs! En ik weet al direct een goede naam: The Bocking Fox!" "Godverdoeme ja!"'

En ter plekke, in nachtelijk Parijs, schreven ze het eerste nummer: 'Walking Along the Champs-Élysées'.

Daarna gingen ze maar eens op zoek naar hun hotel.

Hoe heb ik dit overleefd
Die bussen die treinen
Dat gekwebbel 's morgens vroeg
Over wiskunde, over God weet wat
Ik zie die leerlingen op straat
Met hun boekentassen sleuren
Al dat huiswerk
Ik moet er niet aan denken

Gorki – 'Eddie gelukzak' (van het album *Research & Development*)

Luc en Wim kochten allebei een klassieke gitaar, de twee goedkoopste die ze hadden bij Rudy's Music Shop in Gent. De muzikanten naar wie ze inmiddels luisterden, lieten hun elektrische gitaren loeien uit versterkers ter grootte van een huis, maar The Bocking Fox ging de wereld veroveren op twee Spaanse gitaren uit de uitverkoop.

Niet dat ze zo dachten, in termen van veroveren. Ze deden maar wat. Alles wat ze goed vonden en bij benadering konden spelen, werd onderdeel van het repertoire. Dus 'Ode an die Freude' van Beethoven en 'Wish You Were Here' van Pink Floyd, 'Tip van de sluier' van Boudewijn de Groot en 'The Needle and the Damage Done' van Neil Young. En natuurlijk het nummer waar het allemaal mee was begonnen: 'Walking Along the Champs-Élysées'.

Overal waar ze maar mochten spelen, speelden ze.

Luc kon geen noot lezen, maar hij hoefde maar drie keer naar een nummer te luisteren of hij speelde het na, zelfs al was het een nummer van een klassiek geschoolde gitarist.

Het duurde bijna een jaar voordat ze inzagen dat twee akoestische gitaren niet helemaal pasten bij de muziek die ze uiteindelijk wilden maken, en twee elektrische veel meer. Maar ja. Toen waren ze ineens twee elektrische gitaristen: dat was geen duo, dat was een halve band. Ze gingen op zoek naar een drummer en vonden die in een café, en die kende niet alleen een bassist, hij had zelfs een hok in zijn tuin in De Pinte dat voor een repetitieruimte kon doorgaan.

Ze hadden nu een band, maar een band noemde je niet The Bocking Fox. En al helemaal niet Frenchie & Beauceron, de naam die ze daarna hadden bedacht. Nee, deze band kreeg een naam die klonk naar de toekomst, naar uitroeptekens, misschien niet naar seks, maar wel de hoop daarop.

Hun gewoonte om cafés te bezoeken waar niet alleen het bier nog geen twintig frank kostte maar waar ze ook de gemiddelde leeftijd fors omlaagtrokken, hadden ze aangehouden. Dus was het in café Sint-Cornelius in Mariakerke waar de naam van de nieuwe band ontstond: BH 2000 Turbo. En dan 2000 niet uitgesproken als *two thousand*, maar als *twieduust*. De naam viel nergens zo goed als die avond in Sint-Cornelius, dus werd die na een tijd alweer veranderd, toen in The Most.

Ze hadden geen rijbewijs, dus moesten ze met het openbaar vervoer naar de repetities. Ze hadden al bijna spijt van de overstap naar hun elektrische gitaren, want Luc moest nu met zijn gitaarkist en zijn zwarte Kustom-versterker in de bus naar station Gent-Sint-Pieters, om de trein naar De Pinte te nemen. De drummer, een juwelier-in-opleiding, woonde anderhalve kilometer van het station, en had evenmin een auto. Als Luc en Wim met al hun spullen bij hem aankwamen om te repeteren, waren ze al doodop.

Het repertoire bestond opnieuw uit covers, maar wel andere. Neil Young was er weer bij, nu met 'Like A Hurricane', Raymond van het Groenewoud met 'Maria', en zelfs ABBA stond op de setlist, met 'Take A Chance On Me', in een snelle en vooral snoeiharde versie, zoals eigenlijk alle nummers gespeeld werden.

Hoe de nummers moesten eindigen wisten ze niet, en hoe ze begonnen eigenlijk ook niet. Dat bepaalden ze ter plekke, elk optreden opnieuw.

In welk parochiezaaltje ze ook speelden, op welk feestje van Chiro-jongeren in welk kerkdorp dan ook: Luc sprak het publiek in het Engels aan. En niet alleen dat: de afkeer van alles wat ze als 'makkelijk succes' beschouwden, bracht Luc in de praktijk tot een podiumhouding die de punk voorbij was. Hij schold het plukje bezoekers in de parochiezaal uit voor '*motherfuckers*' en '*stupid sons of bitches*', en de geluidsman voor '*you moron*' als het naar Lucs smaak niet hard genoeg was. En dat was het eigenlijk nooit.

Als Wim op het podium opzij keek, zag hij dat die schuchtere Voske van het schoolplein de plek had gevonden waar hij het werkelijk naar zijn zin had. Keek hij voor zich, het zaaltje of café in, dan zag hij dat de mensen die zojuist stijf waren gescholden allemaal stonden te lachen. 'Ze vonden het niet eens erg. Vos was nu eenmaal iemand die altijd overal mee wegkwam.'

Wat aanmerkelijk moeizamer ging en vooral minder plezier opleverde, was Lucs schoolcarrière. Nadat hij met pijn, moeite en welwillende afrondingen van cijfers zijn diploma op het Sint-Lievenscollege haalde, kon hij verder gaan studeren. Hij koos voor geschiedenis aan de Gentse Universiteit. Daar moest hij iets doen wat hij eigenlijk nooit had gedaan: studeren.

In de eerste week kreeg hij een boek van 1100 pagina's in het Frans, dat hij moest lezen en bespreken. Eigenlijk gaf hij de studie toen al op. Hij had er de motivatie niet voor, en besloot dat dit nooit iets ging worden, dat hij hier niet thuishoorde, in deze ogenschijnlijke chaos van kennis.

Een jaar stond hij ingeschreven als student, maar na een

maand hield hij de colleges voor gezien. Hij kroop terug in zijn schulp en maakte geen contact met medestudenten, onder wie zich nu – voor het eerst – ook meisjes bevonden. Thuis praatte hij zo weinig mogelijk over zijn opleiding. Hij schaamde zich voor zijn moeder, die hem niet voor niks naar het internaat had gestuurd om daar Latijn te leren. Dat deed ze zodat hij kon gaan studeren, wat ze ook iedereen in het dorp had verteld, maar dat had hij dus in de praktijk nog geen maand gedaan. Dadelijk eindigde hij alsnog in dezelfde fabriek als zijn vader.

Hij veranderde van opleiding: het werd Spaans en Engels op het Hoger Instituut voor Vertalers en Tolken in Gent. Iedereen, ook Luc zelf, was verbaasd dat hij het eerste jaar haalde, maar in het tweede ging het alsnog mis.

Dus moest hij het leger in. Luc ging naar Duitsland, want daar was de diensttijd korter. Hij vertelde ook hier weinig over tegen familie en vrienden. Dat hij het op wacht ijskoud had, echt stervenskoud, dat wel. Wim: 'Hij schreef me vele brieven. Geen brieven waarin hij zijn emoties uitstortte, maar brieven in zijn gekende hoekige schrift vol ongein en lol, waar tussen de regels door duidelijk werd dat hij het vreselijk vond.'

Toen de dienst was afgelopen, liep hij thuis tegen het arbeidsethos van zijn moeder aan: niet meer studeren, dat betekende werken. Er volgde een opeenvolging van mislukkingen.

Zijn zus Nicole, actief binnen de CVP, regelde via de oneindige connecties van die zuil een administratief baantje voor Luc bij de spoorwegen in Brussel. Het was het type baan waarin je zonder al te veel moeite op dezelfde stoel aan hetzelfde bureau kon blijven zitten om dezelfde formulieren in te vullen, om daarna je brugpensioen in te glijden. Luc haalde niet eens de eerste vakantie. Nicole: 'Het heeft vooral teksten opgeleverd, over de wekker op halfzeven en de heldentocht in de file.' Zijn familie was ontzet. Een baan als deze zonder een diploma: wat wilde hij nu nog meer?

Het antwoord: alles.

In mij leeft iets dat ik enkel een zuiver verlangen kan noemen. Zoals er ook zuivere wetenschap bestaat die zich alleen met getallen en verbindingen van getallen bezighoudt, niet met de toepassing ervan in het dagelijks leven. Mijn verlangen vervulde mijn gehele ziel, zoemde als een straalkachel in mijn buik, in mijn hersenen. Soms kon ik van pure vreugde aan niets anders meer denken. Mijn hart en mijn geest zaten zo propvol dat ik zelfs vergat te eten of te drinken. Ik wist zelfs niet waar ik naar verlangde.

(Uit: *De rest is geschiedenis*)

Om zwartwerken te bestrijden, moesten werklozen iedere dag op een ander tijdstip een stempel halen. Lucs moeder vond het verschrikkelijk dat haar zoon op dit punt was aanbeland, en liet een oud-leraar langskomen om zijn situatie te bespreken. Die had een contact bij de *Gazet van Antwerpen*, en daar zocht men een medewerker op de regioredactie in Evergem.

Lucs eerste opdracht: de gemeenteraadsvergadering. Hij zat erbij, keek ernaar, schreef het op en belde 's avonds in paniek Wim op. Dat hij er niets van had begrepen. Hij vertelde dat die mensen het hadden gehad over jaarrekeningen, over rechtspositieregelingen en over retributies, en dat hij daar nu een stuk over moest schrijven. Hij zuchtte diep. Wim: 'Hij kwam bij me met blaadjes vol krabbels over verkavelingen en wetgeving, en samen probeerden we er nog iets van te maken.' Het werd Lucs eerste en laatste verhaal voor deze krant.

Nicole: 'Het was een lieve en brave jongen. Maar zo lui.' Erik: 'En zo intelligent dat hij het zich vaak kon veroorloven lui te zijn.'

Op de radio hoorde Luc 'Love Like Blood' van Killing Joke. '*We must play our lives like soldiers in the field / The life is short / I'm running faster all the time.*'

Hij wilde dat ook: zo leven, zo zijn. Maar hoe?

Met Wim boekte hij een busreis naar Lloret de Mar. Toen ze er waren aangekomen, wisten ze: dit slaat nergens op. Wie in Lloret de Mar niet hield van de hele dag in de zon liggen of 's avonds in de discotheek meisjes versieren, had hier niets te zoeken. Zij hadden hier dus niets te zoeken, maar het duurde nog een week voor de bus terugging. Ze zaten op een terras, verzonnen verhalen bij de mensen die ze zagen, en toen daar na drie dagen de lol ook vanaf was, verveelden ze zich richting terugreis.

Zo moest het dus niet.

Met The Most ging hij het ook niet redden: er kwamen geen nieuwe optredens meer binnen. Zijn muziekliefde leed er niet onder: hij bleef naar Rock Torhout rijden, naar de Vooruit, naar de Brielpoort. En na concerten bleven Wim en Luc luidkeels getuigen van hun voorkeuren. En vooral ook van hun afkeuren, met een steeds uitgebreider arsenaal aan vaste formuleringen, die niemand anders begreep. 'Weerzinwekkend!' 'Pure demagogie!'

Toen in 1985 Live Aid tien uur lang op televisie werd uitgezonden, keken ze er tien uur lang naar. Ze juichten om U2 en om Status Quo, een band die door hun boersheid alleen nog maar aantrekkelijker werd. Hoogtepunt was natuurlijk dat moment even na halfzeven, toen Freddie Mercury in zijn strakke gebleekte spijkerbroek en zijn al even strakke witte shirt zonder mouwen het podium op huppelde, eerst even zo veel mogelijk applaus oogstte en toen achter de piano 'Bohemian Rhapsody' inzette. Luc maakte een enorme ketel mosselen en een al even grote kom frieten en ze aten zich misselijk, terwijl ze bleven kijken.

Hij zag TC Matic in de Vooruit, het beste optreden dat Luc ooit had gezien. Dat kon dus wel, uit België komen en dan zo cool zijn. Die Jean-Marie Aerts, die stond daar gewoon 'Putain Putain' te spelen op de veren van de achterkant van zijn Strat!

Nadat Wim van een medestudente hoorde dat haar broer een goede drummer was, richtten ze een nieuwe band op. En opnieuw kende de drummer nog wel een bassist. Ze oefenden op de parking van de Grand Bazar in de wijk Oude Bareel in Oostakker, waar een jongerencentrum lag: JOB (Jeugdhuis Oude Bareel).

De naam van de nieuwe band was snel beslist: Les Zazous, naar een nummer op het tweede album van TC Matic.

Luc had een oude Renault 4 gekocht, dus kon hij nu naar de repetities rijden. Hij begon ook nummers te schrijven. En dan niet een paar, maar het ene na het andere. Geïnspireerd door The Jam, TC Matic en U2, van wiens gitarist Luc een enorme liefhebber was. Het was ongelooflijk hoeveel verschillende geluiden The Edge uit zijn gitaar kon halen met behulp van zijn pedalen. Sterker nog, zo leek het wel: dóór die pedalen. Dat moest hij dus ook hebben: hetzelfde pedaal. Hij ging terug naar Rudy's Music Shop in Gent om te vragen wat voor pedaal The Edge gebruikte, en of dat ook voorradig was. Om het antwoord moest hij jaren later nog steeds lachen: 'Leer eerst 's spelen als The Edge, en kom dan terug!'

Zo goed als The Edge speelden de leden van Les Zazous zeker niet, maar wel aanmerkelijk beter dan hun bands ervoor. Nadeel volgens Luc was wel dat de bassist, zoals zoveel bassisten in die tijd, van *slappen* hield, iets waar Luc een uitgesproken hekel aan had. Dat moest hij binnen de perken houden. Een bassist moest volgens Luc niet te veel fantasie hebben, die moest zich beperken tot de basis. Poem-boem-boem-boem: zo klonk een bassist.

Luc had ondertussen de ideale repetitieruimte gevonden:

de badkamer thuis. Uren zat hij er, hard te zingen en te spelen. Zijn broers en zussen waren inmiddels aan het tafereel gewend: als ze hun moeder bezochten, hoorden ze op de achtergrond Luc galmen door de badkamer. Moeder Irma leek het al niet meer te horen. Zolang de buren er maar geen last van hadden.

Het leek wel alsof hij na ieder bezoek aan de badkamer een nieuwe aanzet tot een nummer had, dat hij bij de volgende repetitie liet horen. Wim hoefde er soms alleen nog maar wat akkoorden of een brug aan toe te voegen, en de drummer hoefde alleen maar te doen wat Luc zei: sneller spelen.

De teksten waren niet klaar. Die schreef Luc niet op de badkamer, die maakten ze samen op Lucs kamer. Over de criteria waren ze het eens: de teksten moesten grappig zijn, een beetje provoceren en, het belangrijkste, vooral níét optimistisch zijn. De titels waren veelzeggend.

'It's Wrong Eddy'
'Dirty Lie'
'That's Why Jesus Had To Die'
'Everybody Hates Me'

Het nummer 'Heidi' was Duitstalig, en met name 'Running Out Of Heroes' wekte een alleszins autobiografische indruk: '*My mama said "Boy, what you gonna do with your life?" / I don't know, mama, really I don't know / And the rain falls hard on a humdrum town / And I don't know, really I don't know / I wanna stay with you, all of my life / Please mama, please let me stay in your house all of my life / Please mama, please let me stay.*'

De rest van de set werd opgevuld met covers, die een nogal gemakkelijke keuze leken: 'Born To Be Wild' van Steppenwolf,

'Wild Thing' van The Troggs, 'With Or Without You' van U2 – zo snel als de drummer het maar kon spelen – en uiteraard een nummer van Neil Young, in dit geval 'Powderfinger'.

Luc had inmiddels een groot dedain ontwikkeld voor bands die alleen maar covers speelden, een keuze die aanmerkelijk meer optredens en een groter publiek opleverde dan Les Zazous ooit zou krijgen. Tijdens een optreden in 1989 kon hij het niet laten een cover aan te kondigen met datzelfde dedain: 'En dan nu nog een cover, pure demagogie, makkelijk succes!'

De roem van Les Zazous bleef vooral hangen rond het jongerencentrum JOB. Voor een optreden in Merelbeke kwam geen enkele bezoeker opdagen. De bandleden moesten er hard om lachen, maar vonden het ook zonde dat ze nu voor niets hiernaartoe waren gereden, met hun instrumenten hadden gesjouwd en alles hadden opgebouwd. Ze gingen op straat zelf reclame maken voor hun optreden door voorbijgangers aan te spreken en uit te nodigen, en wisten uiteindelijk toch voor een kleine twintig man te spelen.

Van wat bij elkaar gespaard geld maakten ze een demo met drie nummers. De producer had in zijn poging om het rauwe bandgeluid bij te vijlen tot een wat geliktere sound, onbedoeld alleen maar benadrukt dat Luc niet de meest toonvaste zanger ter wereld was. Ze stuurden de demo niettemin in voor *Humo*'s Rock Rally en kregen een keurige afwijzingsbrief voor de selectie terug, in naam van Guy Mortier.

Thuis zat Luc tv te kijken, strips te lezen op zijn kamer of alweer gitaar te spelen in de badkamer. Op zondag kwamen zijn broers en zussen altijd op bezoek bij hun moeder. Er was whisky, er was wijn en altijd was er een versgebakken taart. Erik: 'De hele dag zat hij thuis in de zetel. Mijn moeder is nooit boos op hem geweest omdat hij niks deed, daar was de liefde tussen die twee veel te groot voor. Wij vroegen weleens: Luc, zou je niet eens gaan werken? Daar gaf hij geen antwoord op.'

Luc zei sowieso niet zoveel. Volgens Nicole leek hij op zijn vader: een mens met eromheen een schild.

Toen Luc in 1982 optrad tijdens de tweede Evergemse Culturele 14-daagse in Feestzaal de Molen, zag zijn broer Erik hem na De Boskapel en de majoretten van de fanfare op het podium staan. Freddy Engels, een vriend van de familie, had de muziekavond georganiseerd. Luc was meteen bij Engels langsgegaan toen hij zijn eerste gitaar kreeg, om te vragen of hij hem wat nummers wilde leren. 'Hij was opgegroeid met de kleinkunst, en ging vervolgens zelf rock ontdekken. Eigenlijk is uit die mix zijn oeuvre ontstaan. Tijdens een van de voorbereidende vergaderingen bij mij thuis was zijn zus Nicole aanwezig, en ze zei: onze Luc zit veel op zijn gitaar te spelen, mag hij ook niet optreden? We wilden juist Wippelgems talent een podium bieden, dus dat mocht.'

Broer Erik sloeg steil achterover: Luc zei tijdens dat optreden, dat hij begon met 'Walking Along the Champs-Élysées', op het podium meer in twintig minuten dan thuis in een maand! Freddy Engels: 'Het was niet bepaald de muziek die je zou verwachten op een klassieke gitaar met nylon snaren. Het was feitelijk één brok geweld.'

Thuis lag Luc op de bank en zat hij vooral in zijn hoofd. Vroeger mocht hij spelen, nu dromen. En lezen, veel lezen. Het kon niet anders of hij wist veel, hun broertje, want hij verslond boeken, en geregeld lag hij uren in een encyclopedie te bladeren. Als mensen vroegen wat voor type dat broertje van hen eigenlijk was, zeiden ze: 'Het kunstenaarstype.' Nicole: 'We hebben nooit in zijn hoofd kunnen kijken, ook omdat hij niet in zijn hoofd líét kijken. Hij was stil en gesloten.'

Mijn broers en zussen, die allen het huis uit waren, sloegen mijn neergang gade en begonnen erop aan te dringen het ouderlijk nest te verlaten. De mensen in de straat spraken schande van die nietsnut die niet op eigen benen kon staan. Daarin hadden ze misschien gelijk. Ik kwam thuis van mijn dagelijkse arbeid. Het was maart en buiten viel regen en sneeuw, in korte, regelmatige buien. Ik hoorde de wind huilen door de bomen. Ik ging naast de kachel zitten met mijn stripverhalen. Ik had er wel honderd en ik kende ze vanbinnen en vanbuiten. Ik las ze niet meer om de verhalen maar om de voorwerpen zelf. Om de bontgekleurde bladzijden die geurden naar oud papier. Om verdwenen gedachten aan de vreugde die ze mij eertijds hadden geschonken opnieuw op te roepen. Mijn broer Mark kwam de kamer van het ouderlijk huis binnen. Er heerste een stilte.

Hij sprak: 'Amuseert gij u een beetje?'

Mark nam de stapel strips in zijn handen en begon ze met een zieke blik in zijn ogen een voor een te tellen. Toen hij uitgeteld was sprak hij: 'Honderdentwee boekjes aan een gemiddelde prijs van vijftig frank, dat moet zowat vijfduizend frank zijn. En hoe oud zijt gij? Vijfentwintig jaar? En nog altijd boekjes lezen van Suske en Wiske!'

Aldus werd ik door mijn eigen bloedverwanten verstoten. De afspraken van vroeger golden niet meer. Verbondenheid bestond slechts zolang het mij voor de wind ging. Ze hadden mij mijn hele jeugd een rad voor ogen gedraaid. Wij leefden in familieverband. De groep was het beginpunt en het einde van alle daden en gedachten. Zonder de kudde betekende u niets. Dat deden ze mij geloven. Waarom zou ik aan hun verhalen en axioma's hebben getwijfeld?

(Uit: *De rest is geschiedenis*)

Meisjes bestonden vooral in zijn fantasie. Toen Wim en Luc na een paar dagen aan zee op het station van Blankenberge stonden te wachten op de trein naar Gent, vertelde Luc dat hij net genoeg geld had om een *Playboy* te kopen. Maar als hij dat zou doen, kon hij zijn bus van Gent naar Wippelgem niet meer betalen.

Wim wees Luc erop dat het tien kilometer lopen was van Gent Centraal naar zijn huis in Wippelgem, met al zijn kampeerspullen.

Luc knikte, en kocht de *Playboy*.

Meisjes vonden hem leuk, maar uiteindelijk steeds om de verkeerde redenen. Grappig. Een klein, bonkig, koddig manneke uit Wippelgem. Geschikt om een keer mee te lachen, ongeschikt als hun volgende liefje.

Soms werd het hem te veel en wilde hij een lief, nu en hier. Desnoods met een list. Samen door Gent lopen en dan meisjes in het Engels aanspreken, als twee Engelse toeristen. Ook dat mislukte: de meisjes hadden het door, omdat Lucs Engels niet accentvrij genoeg was.

Of hij zei tegen Wim dat ze het nachtleven van Brussel in moesten duiken. Daar moest het lukken. Daar liepen ze vrij rond, de meisjes. Ze deden het zelfs een keer, en het leek op de zoveelste mislukking uit te draaien omdat ze geen enkel idee hadden wáár in Brussel dat verwachte nachtleven zich dan afspeelde, tot ze twee Zweedse meisjes tegenkwamen die hén aanspraken. Weliswaar alleen om de weg te vragen, die ze niet kenden. Wim: 'Maar we deden ons uiterste best om onweerstaanbaar te zijn.' Toen verzamelde Luc al zijn moed en vroeg hij de meisjes of ze wel wisten dat zij een beroemde rockband in België waren.

De meisjes geloofden het niet. Luc zei: dan zal ik het u laten horen. Hij wenkte ze mee naar zijn aftandse Renault 4, deed een bandje in de cassettespeler en zei dat ze nu goed moesten opletten. Hij draaide de volumeknop zo ver mogelijk naar rechts. 'O La La La' van TC Matic klonk door de speakers. Ze zeiden iets over het nummer, dat het goed was, en maakten toen aanstalten weer verder te lopen. Luc werd overmoedig en riep ze op om samen 'drunk en fucked' te worden, maar dat deed de meisjes niet van gedachten veranderen – integendeel.

Het lukte niet. Hij wist welk leven hem voor ogen stond, maar hij had geen idee hoe hij het moest bereiken. Hij lag op de bank naar de EO te kijken en te fantaseren dat hij popmuzikant was. Het frustreerde hem, en vaak verweet hij het de buitenwereld. Om te beginnen zijn land, dat geen popmuzikanten voortbracht met succes buiten de grenzen. Zijn dorp, waarvoor het woord 'achterlijk' leek te zijn uitgevonden en waar het onmogelijk was om jezelf ook maar een meter boven het maaiveld uit te tillen. Zijn familie, die hem op geen enkele manier stimuleerde in zijn creativiteit, die hem als kind al steeds verweet 'laweit' te maken en hem nu maar baantjes bleef opdringen waartoe hij niet op aard was. Zijn medebandleden, die niet alleen niet goed genoeg waren, maar vooral niet de ambitie hadden om het te worden. Die überhaupt geen ambitie hadden.

Was hij maar iemand anders, ergens anders, in een andere tijd. Dan kwam het allemaal goed.

Die jonge gasten van tegenwoordig die popmuzikant willen worden, die hebben splinternieuwe gitaren en een gsm en een lief, maar in mijn tijd hadden wij dat allemaal niet. Niets hadden wij, helemaal niets. Als wij eens wilden telefoneren om bijvoorbeeld de ambulance te bellen omdat we uit een boom waren gevallen, dan kregen we eerst nog wat lappen op onze kop van vader en dan moesten wij zelf nog met een stuk van vijf frank naar een telefooncel strompelen, twee kilometer verderop, om de ambulance te bellen. En dan kwam vader er ons in het ziekenhuis nog wat stampen bijgeven omdat we naar zijn zeggen expres uit die boom waren gevallen om op ons gemak wat in het ziekenhuis de leeghanger uit te hangen met ons gebroken been, in plaats van op de boerderij mee te helpen de varkens te slachten en de konijnen te castreren. Toen ik tegen mijn moeder zei dat ik popmuzikant wilde worden, gaf ze mij een lap tegen mijn gezicht. 'Ga de rapen uit de grond gaan trekken,' brulde ze, 'of ik sla u kreupel!'

(Uit: 'Frankie Goes Anywhere', opgenomen in *De roes van het heden*)

Dat Les Zazous niet werd wat Luc had gehoopt, had verschillende redenen. Te weinig goede nummers, om te beginnen. Te weinig discipline. Ze repeteerden wel vaak en ook lang, maar in die uren repetitietijd zaten ook de pauze voor een pintje, de gang naar de snackbar voor frieten met een frikandel, en het volgende pintje. En ze hadden pech. Pech als in: de afwezigheid van geluk; bijvoorbeeld het geluk van een goed optreden op de goede plek in vooral de aanwezigheid van de goede toeschouwer, iemand met connecties bij een managementbureau, een boeker of een medewerker van een platenmaatschappij. Zo iemand moest het talent van Luc hebben opgemerkt, denkt Wim nog steeds, ook met deze band, dit repertoire, op deze instrumenten en door deze versterkers.

Wim zelf was inmiddels begonnen aan zijn journalistieke carrière; de andere leden droomden hardop van het afronden van hun opleiding, van een baan, een gezin.

Dit waren allemaal niet de dromen van Luc, en Wim voelde dat Lucs gedachten afdwaalden van zijn band. Les Zazous zou hem niet naar zijn gedroomde leven leiden.

Luc was in februari 1989 bij een optreden van Tom Wolf in café De Ploeg in gesprek geraakt met een drummer, die net als Les Zazous repeteerde in het JOB.

Luc vroeg deze Geert Bonne of ze eens samen konden repeteren met de bassist met wie Geert al jaren speelde, Wout De Schutter. Met Nederlandstalige muziek, een beetje in de richting van die twee doorgebroken Nederlandse bands waar Luc veel naar luisterde: Tröckener Kecks en The Scene.

Wout, een leerling op de grafische school die met zijn zeventien jaar tien jaar jonger was dan Luc, reageerde wat afhoudend: hij hield van rock, punk en alternatieve muziek, maar bij geen van die genres dacht hij aan Nederlandstalige teksten. En andersom ook: de specialisatie van zijn vader, een hoogleraar, was Nederlandse spraakkunst, dus zijn associatie met de Nederlandse taal was niet meteen rock-'n-roll. En de specialisatie van zijn moeder was Germaanse talen, dus wat voor teksten ze ook gingen maken met die eventuele nieuwe band: Wout vond ze wel belangrijk. Eigenlijk was Raymond van het Groenewoud de enige Nederlandstalige rockzanger die Wout kende. Die waardeerde hij, maar het was ook niet direct de muziek die hij zelf zou willen spelen.

Maar goed, een keer proberen kon nooit kwaad, ook niet omdat Geert enthousiast leek. Ze repeteerden met een cover van The Scene, 'Rij rij rij' en Luc bleek zelf al een nummer geschreven te hebben: 'Ik word oud'.

Het duurde nog een repetitie, maar toen was Wout eveneens enthousiast.

Wim was dit ondertussen ook, en wel over Les Zazous. Het was ze eindelijk gelukt een optreden binnen te halen op de plek waar Wim en Luc altijd van hadden gedroomd: de Gentse Feesten, al was het dan maar op het podium van de Groentenmarkt.

Wim was blij, maar Luc was er met zijn gedachten niet meer bij. Hij wilde met zijn nieuwe band aan de slag. Niet dat hij daar over had verteld. Zijn medebandleden moesten het bestaan van die band zelf opmaken uit losse opmerkingen en hints. Het is dat Wim en Luc ook goede vrienden waren en elkaar dus vaak zagen, anders had Luc het hem nooit in zijn gezicht gezegd, daar was hij van overtuigd. Als Luc dit onvermijdelijke gesprek ook maar enigszins uit de weg had kunnen gaan, had hij het gedaan.

Wim was sceptisch: hij had gezien hoeveel talent Luc had, maar dat was al die voorgaande jaren ook nooit opgemerkt, dus waarom dan nu wel met twee onervaren muzikanten?

Wim had zelf een baan als voetbaljournalist waarvoor hij steeds meer op pad was, hij was het huis uit en had een relatie. Luc had nog nooit een vriendin gehad, geen serieuze baan en woonde nog steeds op diezelfde kamer bij zijn moeder waar Wim hem voor het eerst gitaar had horen spelen.

Er moest iets gebeuren, dat snapte Wim ook. Eén belofte vroeg hij van Luc: wel dat optreden op de Groentenmarkt nog doen, tijdens de Gentse Feesten.

Luc ging akkoord, en dus speelde hij in juli 1989 als frontman van Les Zazous op de Gentse Feesten. In een razend tempo joegen ze hun eigen nummers en vele covers erdoorheen. Ze begonnen met het gejaagde 'It's Wrong Eddy', over een veertiger die de hele dag in bed ligt en niks uitvoert. U2's 'With or Without You' klonk alsof Johnny Rotten het zong. Het rammelde soms, maar Lucs overstuurde uithalen hadden bravoure, en *attitude* viel de band niet te ontzeggen. Zeker Luc niet, die uitblonk in grove en brutale teksten tussen de nummers door. Het was nog maar een paar weken na het bloedig neergeslagen studentenprotest op het Plein van de Hemelse Vrede in Peking. Veel artiesten op de Gentse Feesten droegen een nummer op aan de studenten of spraken hun steun uit voor de democratiseringsbeweging. Het leek bijna een verplichte toevoeging, met gegarandeerd applaus, en daarmee viel het voor Luc onder 'makkelijk succes'. Dus klonk opeens vanaf het podium van de Groentenmarkt in Gent: 'Het volgende liedje is voor de slachtoffers van het Tiananmenplein... Níét! Dus níét voor het Tiananmenplein.'

Het leverde zeven nieuwe aanvragen voor optredens op. Meer dan ze er in lange tijd hadden gehad.

Dat konden ze niet laten liggen, stelde Wim.

Dat kon wel, vond Luc.

Zijn nieuwe leven was begonnen.

III

Je grijpt wat je grijpen kan
Het zachte vlees
Het onderste uit de kan

Gorky – 'Naar de top' (demo)

Op 10 januari 1990 kwam er een brief binnen bij Gorky-drummer Geert Bonne. Ondertekend door Guy Mortier, namens *Humo*'s Rock Rally. 'Gefeliciteerd: u wordt toegelaten tot de Rock Rally preselectie.'

Een paar weken later volgde nog een brief, eveneens op zijn thuisadres, dat vooralsnog dienstdeed als het postadres van de band. Dit was een brief van de Socialistische Omroepvereniging, met een uitnodiging om er te komen spelen. Althans: als ze het goed zouden doen op de Rock Rally. De precieze opnamedag zou dan nog volgen. De locatie trouwens ook. De Socialistische Omroepvereniging trok de conclusie zelf maar alvast: 'De weg naar de roem is hard.'

Het was snel gegaan, sinds de eerste repetities. Om te beginnen hadden ze een naam voor de band moeten bedenken. Dat was zo gebeurd. Luc wilde altijd al een Russisch klinkende naam – Les Zazous had hij ook al korte tijd veranderd in The Novgorods.

Hij nam een atlas en zocht naar een naam die goed klonk. Gorky. Russisch voor 'de bittere'. Dat klonk goed. Naar rock-'n-roll, naar Rocky. Een naam die je met kracht kon articuleren. Pas daarna hoorde hij van het gelijknamige park, van de ontelbare gelijknamige straten.

Ze hadden twee dingen te doen, wisten ze: nummers schrijven

en optreden. Dat laatste regelden ze zelf. Geert het meest, Luc het minst. Als zijn medebandleden hem erop aanspraken, zei hij dat hij maar een simpel boertje uit Wippelgem was en zij twee coole gasten die helemaal in de muziekscene zaten, dus wie was er dan beter geschikt om rond te bellen en te rijden voor optredens?

Geert en Wout vonden het prima, ook omdat Luc er zoveel plezier in had. In alles, eigenlijk. Hij was weliswaar een stuk ouder dan zij, maar het leek alsof hij tegelijk met hen een nieuwe wereld in stapte.

En hij bleef maar komen met ideeën voor nummers, en met teksten. Net als Wout en Geert, trouwens. Noten lezen konden ze alle drie niet, alles ging op intuïtie. Ze repeteerden vaak. Vaker dan Luc lief was, en ook vaker dan voor Luc nodig was. Zijn twee medebandleden hadden minder live-ervaring en vooral veel minder uren op een badkamer doorgebracht met hun instrument, en hadden dus meer oefening nodig dan hij. In de directe omgeving van het JOB, op die enorme parkeerplaats, lagen geen huizen en dat was maar goed ook, want hun repetities waren snoeihard.

Ik reed met mijn bier in de hand op mijn fiets langs het kanaal naar huis. Er lagen ijsschotsen op het water. Zulk een koude winter hadden we nog nooit gehad. Nu was het 1 maart. Toen ik thuiskwam trachtte ik mij de liederen van vroeger te herinneren. Ik nam mijn gitaar uit de kast. Nieuwe liederen had ik al jaren niet meer gezongen. Ik kon mij de eenvoudige melodie van 'Everybody Hates Me' nog herinneren maar van de tekst waaiden mij slechts een aantal flarden toe: 'What you want / I do not have / What I have got / You do not want / You are right / And I am wrong / The good fight back / And the bad are strong.'

Wat een onzin, dacht ik. Van de rest van het lied wist ik niets meer. Ik had ook nooit teksten of noten genoteerd. Er zat niets anders op dan een nieuw lied te maken. Ik dacht een halfuur na. Toen deed ik de radio aan. Ik hoorde de Hollandse smartlappenzangeres Anja. Ze zong die hit van haar die ik nog kende van vroeger: 'De laatste dans'. Ik was een kleuter en dat lied was dagelijks een keer of tien te horen op Radio Veronica, de Hollandse piratenzender. Alle goede dingen kwamen toen nog uit Holland. 'De laatste dans die moet je mij nog schenken, de laatste dans en dan laat ik je vrij, er is nog kans dat jij je zult bedenken, daarom bewaar de laatste dans nu voor mij.'

De tekst, zo wist ik nu plots, was een parafrase op het alom bekende lied 'Save The Last Dance for Me' van Hank Williams, dacht ik.

Ik nam het eerste vers van het lied van Anja om er een eigen refrein op te maken: 'Anja, de laatste dans die moet je mij nog schenken'. Overal ter wereld gebeurt in wezen hetzelfde en de nieuwe dingen waren allemaal vroeger gedaan en Homeros was de eerste postmodernist want ook hij schreef verhalen die allang bestonden. Waarom nog verder zoeken, het lag allemaal voor de hand.

(Uit: *De rest is geschiedenis*)

Bij het allereerste optreden kwamen ze na een helse tocht (Luc en Wout reden, Geert had geen rijbewijs) door de dichte mist maar nét op tijd in het jongerencentrum in Waregem. Het publiek was dermate enthousiast, en het aantal nummers dat Gorky had zo gering, zelfs aangevuld met de covers van onder meer Neil Young, dat ze tot een noodmaatregel overgingen.

Geert herinnert het zich nog goed: 'We hebben onze volledige set twee keer gespeeld.'

'We hebben onze hele set drie keer gespeeld,' herinnert Wout zich.

Een deel van het publiek van deze avond bleef nog jaren naar optredens komen. Vanwege hun inzet, hun nummers en ook vanwege Luc, die in de auto en in de kleedkamer doorgaans stil was, maar op het podium vaak heel grappig in zijn verhalen tussen de nummers. Soms ook niet, maar dat leek het publiek dan ook niet te deren, en Luc zelf nog minder. Soms ging hij er zo in op, dat hij niet op de setlist voor zijn monitor keek en het verkeerde nummer inzette. Of het goede, maar met een verkeerd couplet, of een intro die opeens twee keer zo lang duurde. Wout en Geert keken elkaar dan aan en volgden hem. Dat was al snel de les van Gorky: Luc altijd volgen.

Toen ze voldoende eigen nummers hadden geschreven, maakten ze met Jan Van Den Bergh van punkband The Spanks een demo. Er stonden tien nummers op: 'Ik word oud (blijf bij me)', 'Wacht niet te lang', 'Anja', 'Hollywood', 'Geef al je geld', 'Donker huis', 'De boze wolven', 'Het einde is nabij', 'Bloed, zweet en tranen' en 'Naar de top'.

De muziek hadden ze vaak samen geschreven, de teksten waren grotendeels van Luc, met soms een toevoeging van de anderen. De tekst van 'Hollywood' was van Wout, 'Wacht niet te lang' was geschreven door Geert. De tekst van 'Geef al je geld aan de arme kinderen' was typisch voor Luc, vonden ze. Het nummer had in aanzet iets stichtelijks, maar vervolgens een bizarre twist. Eerst dat geld, dat naar die kinderen moest, arm en moederloos opgesloten in gestichten en tehuizen. En dan opeens, uit het schijnbare niets, als een mokerslag, pal na die dromen op die eenzame kamers: 'En hun handen naar ontucht verlangen.' Het had vast iets te maken met die jaren van Luc op de kostschool, dachten ze, maar daar sprak hij nooit over, alleen af en toe in een verloren zinnetje dat duidelijk maakte dat hij het daar verschrikkelijk had gevonden.

Sommige teksten waren als vanzelf ontstaan. Op de terugweg van een optreden, 's nachts op de snelweg door regen zo hard dat de ruitenwisser het nauwelijks kon bijhouden, zong Geert het zinnetje 'Nooit meer winter'. Steeds opnieuw, tot Luc eraan toevoegde 'en zo ver van huis'. Luc schreef het op: weer een begin van een tekst.

Soms kwamen ze bij Luc thuis, waar zijn moeder meestal druk bezig was in de keuken.

Geert: 'Een keer gingen Wout, mijn vriendin en ik bij hem langs voor een festival in Evergem. Zijn moeder was niet thuis, maar ze had wel taart voor ons klaargezet. Luc wist duidelijk niet goed wat hij moest doen met de koffie. Dat huishouden draaide volledig op zijn moeder, terwijl Luc later toch zelf een goed potje kon koken. Hij zei: "Ga zitten, er is taart." Toen we weg moesten zei hij dat we alles op tafel konden laten staan: "Mijn moeder ruimt dat straks wel op."'

Ze stuurden de demo rond, onder meer naar *Humo*. Zonder verwachtingen, maar je wist maar nooit. Hoe vaker ze optraden, hoe vaker het voorkwam dat een deel van het publiek alles meezong. Het bandje bleek een hit tijdens zomerkampen van de Chirojeugd, waar altijd wel iemand een dubbel cassettedeck had en het voor anderen kopieerde. De Chiro had zichzelf net uitgevonden met een nieuwe 'Chiro-visie' en nieuwe 'kernwaarden', en begon na jaren van teruglopende ledenaantallen en kwakkelende afdelingen weer aan populariteit te winnen.

Gorky had langzamerhand een management nodig. Geert kende iemand die hem wel geschikt leek: Noelle Vanhelsuwé, een oud-cafébaas en manager van de band Derek & The Dirt, die eveneens in het JOB repeteerde. Noelle leek Geert de juiste man voor Gorky, al kende hij eigenlijk ook geen andere potentiële managers.

Noelle liet weten geen interesse te hebben. Daarop gaf Geert hem de demo. Noelle zei dat hij die al had: van de vorige keer dat ze elkaar waren tegengekomen, Geert deze vraag had gesteld en Noelle had gezegd geen interesse te hebben. Eerst maar eens de Rock Rally spelen, hield Noelle Geert voor. Bovendien: als ze het daar goed zouden doen, zouden zich volgens Noelle ook nog wel andere kandidaten melden.

Noelle moest het nog zien met deze band, überhaupt met de kansen voor de Nederlandstalige rockbands die ineens opkwamen, in het spoor van The Scene en de Tröckener Kecks. En hij had Luc vorig jaar live gezien op de Gentse Feesten met zijn vorige band, en zich toen vooral geërgerd aan de slordigheid. Gorky had hij gezien in café De Ploeg, waarbij hij zich afvroeg of het nou echt zoveel moeite was je gitaar even te stemmen.

Maximaal een kwartier mochten ze spelen tijdens de preselectie van de Rock Rally. Ze openden met 'Samen in dat donkere huis', en daarna tikte Geert meteen af voor 'Anja', toen nog een midtempo nummer. Vervolgens sprak Luc de zaal aan met een zin die in ieder geval twee mensen op het podium niet begrepen: '*Masturbating against apartheid!*', gevolgd door 'Hollywood'.

Geert: 'Die volstrekt naturelle manier van op het podium alles zeggen dat bij hem opkwam, had hij toen al. Soms tot grote verbazing van mensen die hem buiten het podium kenden.'

De vrouw van zijn jeugdvriend Franky, bijvoorbeeld: 'Nooit had hij me recht in de ogen gekeken, of Annuschka genoemd. Nee, altijd "Franky zijn madam". En toen gingen we naar een optreden van hem, zag hij ons in de zaal, en zei hij door de microfoon: "Daar is Franky, met zijn sexy wijf."'

Vriend Patrick Riguelle zag Gorky in die halve finale van de Rock Rally. 'Wat me toen al opviel is dat mijn aandacht, en die van de mensen om me heen, volledig naar Luc ging. Door die unieke teksten, maar ook door die onhandige *body language*, en dat tikje vals in zijn stem, met die enorme impact ervan. Hij was toen al een performer, en tegelijk niet: hij was eigenlijk dezelfde timide gast als buiten het podium, maar dan zonder de timiditeit.'

Ze waren door naar de halve finale van de Rock Rally. Die voelde voor de drie bandleden als de hoofdprijs, want de halve finale vond plaats in de Vooruit. Daar spelen, in die heilige muziektempel waar ze alle drie voor de deur in de rij hadden gestaan, hadden gejuicht en gejoeld, waar ze tientallen bands hadden zien spelen tijdens concerten waarvan ze sommige nooit meer zouden vergeten: dat was een prijs op zich.

Luc had er begin jaren tachtig, tijdens de grondige renovatie voor de heropening in 1982, nog een paar dagen bijverdiend als student, door onder meer muren te verven en klinken aan deuren te monteren. Het viel nog niet mee dat laatste récht te doen, althans voor Luc niet.

Ze mochten deze keer maar twee eigen nummers spelen, want het derde nummer moest een cover zijn. Daar ging wat discussie aan vooraf. Ze hadden tijdens eerste optredens 'Hey Joe' gespeeld om maar tot een beetje afdoende lange set te komen, maar hier doemde voor Luc het 'makkelijk succes'-spook weer op, al was hun versie dan Nederlandstalig. 'Rij rij rij' van The Scene hadden ze ook een tijd gecoverd, maar die vonden ze eveneens te veel voor de hand liggen. Geert was roadie geweest bij een band waarvan de gitarist een enorme fan was van de Vlaamse zanger Bert De Coninck. Die had op zijn tweede album een nummer staan, 'Crapule de luxe', waarnaar hij later zijn band had genoemd. Dit nummer vonden ze alle drie geweldig, dus dit werd 'm: de cover.

Ze waren veel zenuwachtiger dan tijdens de preselectie, geïntimideerd door de enorme zaal ook. Ze openden met 'Naar de top', gevolgd door 'Anja', en de cover van Bert De Coninck. De presentatie was iets statischer dan de eerste keer, maar opnieuw waren ze door. Naar de finale van *Humo*'s Rock Rally, met voorsprong de belangrijkste muziekwedstrijd van het land. Geert: 'De dag voor de finale speelden we nog letterlijk voor vijf man. Luc heeft de bezoekers toen nog gevraagd allemaal naast elkaar te gaan staan, zodat we toch één rij hadden.'

Op 1 april maakte Guy Mortier, strak in het pak, op het podium van Ancienne Belgique bekend dat de jury van *Humo*'s Rock Rally, met daarin onder meer popjournalisten Rudy Vandendaele, Serge Simonart en Frank Vander linden, had besloten dat Gorky derde was geworden: 'Veel succes, maar niemand twijfelt daaraan.' Winnaar was Noordkaap. Tweede werd Kitchen of Insanity, dat hetzelfde jaar nog een album zou uitbrengen, twee jaar later nog een, en daarna nooit meer een.

Gorky had een manager: Noelle kon nu geen nee meer zeggen. Tijdens het gesprek waarin ze dat overeenkwamen, voerde vooral Geert het woord. Luc zei nauwelijks iets.

Noelle was voortaan de man die zich mocht bezighouden met de contracten met jeugdhuizen, waarin standaard stond vastgelegd dat ze voor 6000 frank kwamen spelen, dat het podium minimaal zestien vierkante meter was, de zaal in een lichte maaltijd voorzag en de artiesten op regelmatige tijdstippen iets te drinken aanbood, dat de band zelf haar repertoire koos en niet bruusk onderbroken mocht worden, en dat tijdens het optreden de lichten in de zaal gedempt zouden worden. Ze speelden veel, zeker in de zomer. Van Suikerrock naar Akkerpop, van Snipperrock naar de Paulusfeesten naar Towerrock.

Naar al die optredens van Poperinge tot Oostrozebeke gingen ze voortaan in de auto van Noelle, een soort tank met een koppeling zo zwaar dat je na een lange rit je voeten niet meer voelde.

Geert moest vroeg op: een maand na de preselectie van de Rock Rally had hij een baan gekregen als fotograaf en digitaal beeldbewerker bij de archieven van de linkse beweging. En Wout moest studeren. Luc kon als enige uitslapen, en daar was hij ook goed in. Na optredens gingen ze meestal vrij snel naar huis.

Het muziekklimaat in Gent leek te pieken. Elk Gents café waar de bandleden van Gorky kwamen leek wel gevuld met jonge mannen die zelf ook allemaal in een band speelden. Ook in het fanatieke groepje volgers van het eerste optreden in Waregem bleken muzikanten te zitten, ook van Gentse bands.

Een aantal van de bands besloot samen op te trekken, onder de noemer De Zes van Gent. Ze organiseerden een eigen festival in de balzaal van de Vooruit. De avond werd gepresenteerd door Koen Wostyn, die het informele karakter van de avond op het podium benadrukte: 'We hebben de papierwinkel overboord gegooid, en het enige contract dat we hebben getekend is met de Vooruit. Bovendien hebben we de afspraak dat hoe meer jullie zuipen, hoe minder wij voor de zaal moeten betalen.'

De zaal, bomvol met driehonderdvijftig bezoekers, juichte. Gorky was de headliner, en het publiek zong met name 'Bloed, zweet en tranen' hard mee.

Ze mochten ook op de Gentse Feesten spelen. Voor Luc al de tweede keer, na zijn optreden vorig jaar met Les Zazous, maar voor Wout en Geert na spelen in de Vooruit een tweede vervulde droom. Ze stonden 's nachts geprogrammeerd, in de tent op St.-Jacobs.

Na de band The Nights, die met de Tröckener Kecks werd vergeleken, en voor de coverband Nonkel Ney's Rhythm & Blues-band. In de officiële festivalspecial van *Knack* stond zelfs een stuk over ze: 'Dé Gentse verrassing in de recente *Humo*'s Rock Rally-finale: een in het Vlaams zingend trio met de ballen van stoomwals Tröckener Kecks. Als Clouseau een fluwelen handschoen is, is Gorky een vuistslag bij heldere hemel. Die niets ontziende livereputatie werd bevestigd op de geslaagde "Zes van Gent"-avond in Vooruit, waarbij overduidelijk gemaakt werd dat Gent qua jongehondenrock meer te bieden heeft dan de hele Vlaanderenkennel samen.'

De Zes van Gent bleven nog een tijd samen optrekken, met onder meer een informele, om niet te zeggen ronduit officieuze picknick met optredens in het Citadelpark, op het allerlaatste moment georganiseerd. Wout: 'Het was een flashmob en het was crowdfunding, nog voordat die woorden bestonden. Het was een beetje punk en een beetje hippieachtig, en van een ongehoorde kameraadschap.'

Luc was sinds de Rock Rally dolblij. Hij had het gevoel dat zijn leven tot nu toe een aanloop was geweest naar dit moment. Het gevoel dat zijn dromen en daden voor het eerst samenvielen.

Ik doe maar wat
Soms lukt het en dan weer niet
Maar je moet me geloven

Gorky – 'Ria' (van cd-single *Lieve kleine piranha*)

Wouter Van Belle was een jonge producer, die op zijn tiende was begonnen op zijn eerste Philips-cassettedeck en die tijdens zijn studie zijn eigen studiootje in Mechelen had gebouwd, met geleend geld en geleende apparatuur. Hij had als geluidstechnicus meegewerkt aan de opnamen van het debuutalbum van Clouseau en Soulsisters' internationale hit 'The Way To Your Heart'. Nadat hij in een gehuurde thuisstudio demo's had opgenomen met onder meer The Radios, was hij op zoek naar jong talent dat hij zelf kon produceren.

Platenmaatschappij Virgin, net uit de startblokken in België, was actief op zoek naar lokaal repertoire om contractueel vast te leggen. Van Belle, druk bezig in zijn studio met Hugo Matthysen en de leden van Mama's Jasje om hun demo op te nemen, werd gebeld door Firmin Michiels, de directeur van Virgin. Of hij drie dagen wilde reserveren in zijn studio. De band Noordkaap had zojuist de Rock Rally gewonnen, en Michiels wilde ze tekenen.

Een paar dagen later belde Michiels opnieuw. Helaas: Noordkaap had getekend bij concurrent Mercury. Michiels had de studio niet meer nodig. Van Belle baalde: daar ging zijn grote klus als producer voor een major platenmaatschappij. Michiels voegde er wel nog aan toe dat Van Belle het altijd mocht laten horen als hij zelf iets had dat mogelijk interessant zou kunnen zijn voor Virgin.

Terug in de studio zei hij dat tegen Hugo Matthysen. Die had toch de Rock Rally gepresenteerd? Had hij daar naast Noordkaap niet nog iets interessants gehoord? Jawel, zei Matthysen. Gorky. Spelen konden ze niet. Maar ze hadden een zeer charismatische zanger, goede teksten en een hit. 'Anja' heette dat nummer.

Van Belle belde naar *Humo*, of ze wellicht het contactnummer van die band hadden. Dat hadden ze. Sterker: de band had zelfs een management.

De drie leden van Gorky speelden het nummer in Van Belles Powertone-studio en Van Belle gaf Matthysen meteen gelijk. Een geweldig nummer inderdaad. En wat een originele manier om nostalgie naar je jeugd te verwoorden: je richten op de zangeres van een jeugdplaat. 'Ik moest altijd huilen bij "Ik zie ze rijden op hun brommers/ Ze hebben lol en ik mag niet mee". Die zinnen deden me denken aan een tekening van een moeder en zoontje op een brommer uit *De Gele Taxi*, een strip die ik als kind las.'

Dat Luc eveneens een liefde bleek te koesteren voor de volgens Van Belle enorm ondergewaardeerde Elly en Rikkert, hielp ook. 'De draad van Ariadne' van dat duo was een geniaal nummer, had Van Belle al vaak geroepen, maar iedereen schoot dan altijd in de lach. Luc niet.

Hij vond Luc ook een straffe gitarist, met een goede rechterhand en veel persoonlijkheid in zijn stijl. Maar met deze ritmesectie ging het niet lukken, concludeerde Van Belle. Hij deed ze een voorstel: hij wilde dit nummer opnemen in zijn studio, ze hoefden er niet voor te betalen. Maar zowel de bassist als de drummer zou hij vervangen door sessiemuzikanten. Als ze daar moeite mee hadden, dan begreep hij dat, maar dan hield het hier ook op.

De beat programmeren vond hij geen optie: dit nummer moest een livegevoel hebben. Maar geen rammelend livegevoel. 'Het was geen toffe beslissing. Maar wel een nodige. Ik snap dat ze dat moeilijk vonden. Het waren nog jonge gasten.'

Daar moesten de bandleden even over nadenken. Geert: 'Ik denk dat we een kwartier hebben gespeeld. Toen had Van Belle zijn plan al getrokken. We waren onervaren. Echt een kans heeft hij ons niet gegeven.'

Maar ja. Dit wás wel een kans. Hier wilde iemand in ze investeren, en als dat het goede resultaat had, wilde een platenmaatschappij dat misschien eveneens doen. Zelf deze studio betalen zouden ze nooit kunnen. Toen ze terugkwamen in Van Belles studio waren ze akkoord.

'Anja' werd opgenomen met zeer ervaren studiomuzikanten. De studio-ervaringsloze muzikanten Wout en Geert mochten toekijken en ervaringloos blijven. Met de afgemixte versie van 'Anja' ging Van Belle naar Firmin Michiels. Die werd nieuwsgierig naar meer en kreeg een cassette van Noelle, en de toevoeging van Van Belle dat hij veel vertrouwen in deze band had. Michiels bleef de cassette tijdens een lange autoreis keer op keer draaien. Wat was dit? Michiels kon het niet helemaal plaatsen. 'Die teksten! Het leken wel psychedelische schlagers. Helemaal niet rock-'n-roll eigenlijk, eerder levensliederen op speed. En wat een performer!'

Firmin Michiels ging in gesprek met hun manager, die een waar strijdplan gereed bleek te hebben. De band had een paar keer in het voorprogramma gespeeld van de Tröckener Kecks en dat was erg goed gegaan. Ze wilden het voorprogramma doen van de Kecks tijdens hun show in Gent en daar, in een uitverkochte Vooruit, de single 'Anja' presenteren aan de pers. En vervolgens op clubtour als support van The Scene. En daar financiële ondersteuning voor krijgen van Virgin. Firmin vroeg of deze Noelle al had nagedacht over de kosten daarvan, waarop Noelle hem een begroting over de tafel schoof.

Firmin Michiels bood Gorky een platencontract aan, dat ze tekenden in een restaurant in Gent. 'Anja' werd geheel volgens plan op 31 oktober gepresenteerd in een uitverkochte Vooruit met veel pers en werd vervolgens een radiohit, en een grote ook.

Van Belle en Luc gingen aan de slag met de voorbereiding van het album. Lucs moeder was er ook. Het viel Van Belle op dat Luc stil was en zijn moeder veel praatte. Van Belle had soms het gevoel dat hij terug in de tijd was geschoten.

Het volledige album zou worden ingespeeld door de sessiemuzikanten van de single. Dat deed zichtbaar pijn bij de drie leden van Gorky, zeker bij Geert en Wout, die fel protesteerden. Noelle had met platenbaas Michiels stiekem de afspraak gemaakt dat de bandleden in ieder geval drie dagen zélf mochten opnemen, om daarna te horen dat het weliswaar steeds beter ging, maar helaas nog niet goed genoeg was. Dat liep anders. Na ieder nummer vertelde Van Belle Geert en Wout onomwonden wat hij van hun spel vond: niet goed.

Van Belle probeerde ze te troosten door erop te wijzen dat er bij vrijwel alle bands ter wereld een verschil is tussen de studioband en de liveband, vaak ook een létterlijk verschil, namelijk in de bezetting van de band.

Het was 1990. Nirvana was nog niet doorgebroken, Seattle had op rockgebied de muzikale erfenis van de jaren tachtig nog niet de nek omgedraaid, maar op Studio Brussel klonken allang de Pixies, en het klimaat leek rijp voor snedige rock, en precies zo moest die debuutplaat van Gorky ook klinken, vond Van Belle.

Wout en Geert waren bang dat de plaat veel te gelikt zou worden, maar dat vond Van Belle onzin. Góéde punk rammelde niet, die klonk juist strak. Aan de Pixies was niks gelikt, het was een strakke band.

Patrick Riguelle, die ook meespeelde op het album: 'Het jammere is dat op die plaat weinig van Gorky's punk-attitude terug was te vinden. Maar daardoor was het wel een plaat die meteen een groot publiek aan kon spreken.'

Wat vaak nog ontbrak aan de nummers was een brug: de composities die Luc en zijn bandleden hadden geschreven, hadden de neiging uit strofes en een refrein te bestaan. Van Belle was wel zeer enthousiast over de nummers, en dan met name over Lucs teksten, in Van Belles ogen net zo complex en contrastrijk als Luc hem zelf voorkwam.

Tegelijk had Van Belle de lege flessen in Lucs auto ook opgemerkt. Bidden en drinken: hij had hier een ware katholiek op bezoek.

Als hij naar Luc keek, moest hij op de een of andere manier denken aan Frits van Egters uit *De avonden*. Een gefrustreerde klerk, en tegelijk een lieve, zeer gevoelige puber, maar dan wel een die al tegen de dertig liep. Zijn teksten deden hem dan weer denken aan Neerlands Hoop: 'De mensen een geweten schoppen en tegelijk laten lachen. Luc zei soms: alleen humor kan de wereld redden. Dat deed hij zelf ook in zijn teksten, vond ik. Dat is alleen de groten gegeven: iets heel triestigs zeggen met humor.'

Dat Lucs gevoeligheid zo groot was dat hij de opnamen door Van Belles zeer directe stijl van communiceren en instructies allerminst plezierig vond, had Van Belle niet door. Misschien doordat hij zelf te gretig was, maar ook omdat Luc het nooit zei, en ook niet liet merken, althans niet op een manier die je kon herkennen als je Luc niet al jaren kende. Nooit ging Luc tegen zijn voorstellen in, nooit hadden ze discussies. Dus was Luc tevreden, meende Van Belle, en leefde hij zich uit door het geluid van het album te verrijken met violen en veel hammondorgel, een instrument waar Luc de rest van zijn loopbaan een veto over uit zou spreken.

De brug in 'Lieve kleine piranha' ontstond in twintig minuten in de koffiehoek van de studio, omdat Van Belle tegen Luc zei dat hij die nu en hier nodig had.

Zo lukt het dus, concludeerde Van Belle.

Zo wil ik nooit meer aangesproken worden, dacht Luc.

Van Belle: 'Naderhand heeft hij een keer gezegd dat het album klonk als Bryan Adams, en heeft hij mij omschreven als een man die na een minuut al vergeten is wat je tegen hem zegt. Een karikatuur. Het is raar dat hij me omschreef als een strenge producer, want zolang we aan het album bezig waren, waren we broeders. Luc zei altijd: we gaan de strafste Nederlandstalige rockplaat maken. Hij was altijd akkoord, compleet meegaand, hij ging nooit ergens tegen in. Hij was ook altijd heel goed voorbereid, en snel.'

Sommigen van Van Belles vakgenoten zeiden tegen hem dat ze vonden dat Luc vals zong. 'Dan zei ik: Nick Cave zingt ook altijd vals. Mooi vals.' En wat ze vooral gemeen hadden, vond Van Belle: je geloofde ze. Je geloofde hun teksten. 'Luc zong niet, maar hij vertelde. Met veel kracht. Hij intoneerde perfect en zijn klanken waren mooi.'

De tekst van 'Nooit meer winter' was geschreven door Geert, die van 'De hond is dood' door Wout. Veel andere zijn voor het grootste deel, of meestal volledig, van Luc. Teksten vol ontgoocheling en levensstrijd, met woorden als 'arbeidsmarkt' en 'middenstand', die meer deden denken aan Wilfried Martens dan aan rock-'n-roll. En welke Nederlandstalige rockzanger had ooit eerder in een punkrocknummer van nog geen drie minuten Sartre opgevoerd en afgeschreven, om maar het geloof in de liefde te benadrukken? En had de hoofdpersoon van 'Soms vraagt een mens zich af' daar op die achterbank nu werkelijk seks met de moeder van zijn geliefde? Of 'Want ik ben bang dat de wereld zal vergaan': daar werd de erfenis van Joy Division even kordaat doorgetrokken naar het fin de siècle. Een van de meest wonderlijke nummers was 'Ria', dat uiteindelijk niet op het album terechtkwam, maar als B-kant op de single *Lieve kleine piranha*. Het eerste couplet ging over Jezus Christus ('Sta op en wandel'), het tweede over een meisje dat haar was in de wasmachine stopt. Wat hadden die twee met elkaar te maken? Waren de kleren die hun kleuren verloren te vergelijken met de lammen die tevergeefs hoopten op genezing? Dit waren geen teksten die iemand een paar weken voor de opnamen had verzonnen en opgeschreven. Dit waren gerijpte teksten, het stolsel van jaren lang gemaal in een hoofd.

De opnamen van de basis van het album stonden er in nog geen twee dagen op. Pure vaklui, die sessiemuzikanten, stelde Van Belle tevreden vast – tot grote ergernis van de originele bandleden van Gorky ook hardop in hun aanwezigheid. Ze mochten wel in de studio aanwezig zijn en hun mening geven. Op een fax van platenbaas Michiels met de planning stond letterlijk: 'Vanzelfsprekend is iedereen altijd welkom in gelijk welke fase.'

Michiels: 'Natuurlijk lag het heel gevoelig dat Wouter sessiemuzikanten liet komen, maar dat ligt altijd gevoelig, bij iedere band. Het is bij rockbands eigenlijk vrijwel altijd hetzelfde: de drummer en de bassist zijn niet goed genoeg voor de studio. Hard slaan op de drums en toch elegant blijven klinken, dat is nou eenmaal ongelooflijk ingewikkeld. Een gitarist kan in de studio nog wel een beetje blijven prutsen en zweven, maar de drummer en bassist zijn het fundament. Ik denk dat ik zelf ter plekke in de studio niet totalitair genoeg zou zijn geweest om het besluit erdoor te drukken, maar Wouter was dat wel en ik stond er achter.'

Eén nummer was nog niet opgenomen: het uptempo nummer 'Mia'. Noelle had samen met Michiels een stemming gehouden over de geschreven en live gespeelde nummers die ze ook daadwerkelijk op het album wilden. Daar was 'Mia' niet erg hoog uit gekomen. Luc had er zelf niet voor gestemd.

De originele bandleden speelden het nummer nog eens, terwijl ze in de studio waren. Luc improviseerde wat op zijn gitaar, rechtstreeks ingeprikt in de mengtafel, met een langzamere versie van het nummer. Geert en Wout vielen in, maar vanuit zijn *control room* zei Van Belle dat de drums op deze manier niet werkten. Geerts hihat klonk harder dan de rest en volgens Van Belle hield hij geen maat. Hij kwam met een alternatief: Geert moest gewoon met zijn rechterhand op de zijkant van zijn bil tikken. Ze zetten het in en Van Belle kwam erbij zitten. Hij improviseerde op de piano in de studio een riedel die niet in de originele snelle gitaar-bas-drums-versie van het nummer zat. De bandleden zeiden: dit moeten we opnemen! Van Belle wees erop dat dat niet kon: als hij in zijn control room zat, was er geen pianist. Dan maar zonder producer in de control room, zeiden Wout en Geert: gewoon op 'record' drukken, hiernaartoe teruglopen en de piano inzetten. Van Belle sputterde nog wat tegen, maar de bandleden waren zeer beslist. Wout en Geert waren bovendien met iets heel anders bezig dan Van Belles technische zorgen: ze wilden op de eerste plaat van hun eigen band spelen, desnoods met maar één nummer. Van Belle drukte de opnameknop, liep terug en zette wat weifelend zijn zojuist verzonnen pianopartij in.

Het duurde maar een paar minuten. 'Mia' stond erop, de 'ging ik naar Mia toe' in de tweede zin was veranderd in 'kwam ik naar je toe', en iedereen in de ruimte wist dat dit nummer op het album zou komen. In deze versie, inclusief een naar de juiste noten zoekende Van Belle aan het begin.

Toevallig had zijn beste microfoon, een dure Neumann, bij de piano gestaan. Hij had alleen te veel gespeeld. Hij kon het teveel aan pianonoten eruit halen, maar dan haalde hij ook een deel van de drums weg. Die moest hij dus samplen. Enfin: het was nog een boel studiogepiel en hij liet Luc het laatste refrein opnieuw inzingen, maar toen was 'Mia' vereeuwigd. Perfect ging het toch niet worden, en Van Belle concludeerde dat precies dat eigenlijk de kracht van dit nummer was.

Aan het eind van de middag kwam Firmin Michiels weer luisteren naar de vorderingen van het album en Van Belle liet hem 'Mia' horen. 'Firmin was echt ontroerd, hij zat met tranen in zijn ogen.'

Volgens het cd-boekje van het album heette Luc 'Luc Devos', wat niemand van de band had opgemerkt, maar wat tot Lucs ergernis jaren later nog steeds werd overgeschreven in artikels. Over de hoes voor het album hadden ze zelf helemaal niet nagedacht. Firmin Michiels had ook nog geen idee daarvoor, tot op een dag zijn buurman voor hem stond, om te zeggen dat hij eens in zijn tuin moest komen kijken. Hij had twee preischeuten, die wel verliefd leken. Firmin zag ze, en belde meteen muziekfotografe Dieter Bacquaert. Ze plaatste een zwart blad op de achtergrond en een verstuiver om met water het spinnenweb tussen de twee stengels te accentueren, en de hoes van Gorky was af.

Luc was er enthousiast over: niet zozeer omdat de twee preien volgens iedereen leken te verwijzen naar twee geliefden. Wel omdat ze hem deden denken aan de duizenden exemplaren in de tuin van zijn vader.

Met een blinde brombeer aan het stuur
Lagen alle wegen voor ons open
Wij stortten ons in dit mooie avontuur
Voor ons lagen alle wegen open
Bij de mensen van mijn soort voelde ik mij veilig
Ikzelf kon niet goed praten en mijn vrienden waren doof

Gorki – 'Een blinde brombeer' (van het album *Ik ben aanwezig*)

Als Studio Brussel weer eens belde, of iemand van de platenmaatschappij, of Tröckener Kecks-zanger Rick de Leeuw, dan schreef Irma de Puydt, vijfenzeventig inmiddels, keurig de boodschap op en legde het briefje naast de telefoon.

Ze begon eraan te wennen dat haar jongste zoon beroemd aan het worden was. Wel sprak ze hem erop aan als hij zijn haren op televisie weer eens niet had gekamd. En die bloemen, waarvan ze toch zelf had gezien dat hij ze op het podium had gekregen, waar waren die gebleven?

Rick de Leeuw, rockzanger uit Amsterdam en meer dan twee koppen groter dan Luc, kwam weleens over de vloer. Vaak speelde Gorky in het voorprogramma van zijn band, vaak ook werden de twee bands in één adem genoemd, net zoals The Scene en Noordkaap.

Dat had die Noelle allemaal goed geregeld, vond De Leeuw: zich met Gorky in de aandachtssfeer van de succesvolle Tröckener Kecks werken, in hun voorprogramma hun single presenteren met daarna een borrel voor de massaal opgekomen pers, en nu mee op tour. Hij had gezien hoe de eerste singles enorme hits waren geworden, hoe de band op alle zomerfestivals stond. Sinds die eerste ontmoeting in Oostrozebeke had hij ook nooit getwijfeld aan het succes dat Gorky te wachten stond. Noelle was een manager die voor elke fase van hun carrière een meerstappenplan klaar leek te hebben liggen.

Vanaf het eerste contact was er sprake van een gevoel van gelijkwaardigheid, ondanks het feit dat de Kecks een band was met enkele succesvolle albums, en Gorky een band zonder zelfs maar een single. Bovendien was Luc fan van de Kecks.

'Ik vond Luc meteen een intrigerende figuur. Dat kwam ook omdat hij bijna even oud was. Hij was zeer belezen, welbespraakt en hij kon zich op ieder terrein meten met gearriveerde rocksterren, zoals wij toen enigszins waren, met dat verschil dat hij dat hele traject had overgeslagen, omdat hij eigenlijk bijna tot zijn dertigste in een volstrekt isolement had gezeten. Heel bijzonder.'

En dan die liedjes. Muzikaal zeer elementair, gewoon vierakkoordenliedjes eigenlijk. 'Maar er hing een interessant soort onbegrijpelijkheid om die teksten. Waar komt dat vandaan, hoe groeit zoiets? Die kwetsbaarheid van die jongen uit Wippelgem waar hij met verbazing en mededogen over zingt, die hij in bescherming neemt en daarmee ook zichzelf. Dat is zo goed gedaan op die eerste plaat, dat alle volgende eigenlijk een aanvulling op die eerste waren.'

De Leeuw had dat zelden gezien: iemand die zijn openheid als dekmantel leek te gebruiken. 'In die eerste cd zat al de identiteit die hij had aangenomen, en waar hij heel lang in heeft kunnen volharden, tot en met zijn tv-interviewtje met David Bowie, waarin hij meteen opmerkte dat hij zelf ook een beroemde rockster is in België. Het is een soort spel dat hij zeer intelligent speelde: op een kwetsbare manier maakt hij zich eigenlijk volstrekt onkwetsbaar. Dat is een heel bijzondere manier om met de wereld om te gaan.'

Hij zag in Luc alle kenmerken van een potentiële volksheld.

En ook het risico ervan: volkshelden mogen zich niet ontwikkelen, die worden geacht volkshelden te blijven.

'We spraken vaak af in de Caruso, waar veel artiesten kwamen. Met Luc kon je met gemak een hele avond liedjes bespreken. Ik herinner me nog dat "Wonderwall" van Oasis tegen de regel in mocht gaan dat elk liedje maar één keer per avond mocht langskomen. "Wonderwall" wilden we keer op keer horen, omdat we maar niet het moment begrepen waarop de drums invielen. Pas toen ik een paar jaar later met Pro Tools [een muzieksoftwareprogramma, LV] ging werken, snapte ik dat. Pas als je het ziet gebeuren op een beeldscherm, denk je namelijk: ja, logisch. Zijn nieuwsgierigheid daarnaar zei veel over zijn drang te willen weten hoe iets zit en waar het vandaan komt. Die honger, die was fijn. Ook daardoor was Luc erg goed in het café. Hij kon heel aangenaam schakelen van metaniveau naar heel platvloers en weer terug, met hetzelfde gemak praten over Mozart als over Metallica. Dat is een talent dat in cafés heel goed tot zijn recht komt. En later in *Uitgelezen*, het literaire programma in de Vooruit, en in al die talkshows op televisie. Hij wist heel veel, in die prikkelarme omgeving had hij veel kennis vergaard, waar hij random uit kon plukken. Dat maakte hem onvoorspelbaar, omdat je nooit wist waar hij uit ging plukken. Je wist alleen dat hij zelden zonder tekst zat.'

Tegelijk leken bij Luc thuis meerdere werelden en zelfs tijdperken door elkaar te lopen. Die tienerkamer van een bijna-dertiger. Die moeder, een echte Vlaamse moeke inclusief bloemetjesschort, die steak met frieten maakte. Luc die dan blij zei dat het de lekkerste van de wereld waren en zijn moeder vroeg of hij alstublieft een biertje mocht. Als De Leeuw daar om zich heen keek, dacht hij soms opeens te snappen waarom die creativiteit zo lang hadden kunnen rijpen: dit viel met recht een prikkelarme omgeving te noemen.

'Niets in dat huis riep associaties op met een man van negenentwintig die de wereld wil veroveren. Die leefwereld van hem op dat moment was een wonderlijke contradictie. En tegelijk zat precies daarin ook de magie van zijn teksten en zijn persoon. Hij had het geduld gehad om dit allemaal tien jaar te laten sudderen, en daarin waren al die mooie dingen ontstaan. Uit verveling, eigenlijk. Een verveling waardoor hij los kon raken van deze tijd en deze wereld, en iets heeft kunnen maken dat veel meer diepgang had dan vele armoedige pogingen om juist bij de tijd te blijven.'

Luc vertelde Rick dat hij een keer in beschonken toestand huiswaarts was gekeerd en zijn moeder wakker had moeten bellen. Ze was heel kwaad geweest en had hem een klap in zijn gezicht gegeven. Daar waren ze allebei van geschrokken. Alsof het op zichzelf wel bij een moeder-zoonrelatie paste, maar niet meer bij deze leeftijd. Niet nu nog.

***

Die Wouter Van Belle kon volgens de leden van de band misschien niet met mensen en hun emoties omgaan, hij had wel een plaat geproduceerd die zoveel airplay, hits en lovende recensies opleverde dat ze overal konden spelen, en inmiddels voor meer dan 6000 frank en een lichte maaltijd. Bij de cd-presentatie in de Fnac in de Gentse Veldstraat was het zo druk dat er niemand meer bij kon. De aanwezige fans waren opvallend jong en wilden allemaal een handtekening.

In het begin gaven ze nog geregeld met zijn drieën interviews. Luc bediende zich graag van paradoxen, maar Wout ging er in de punktraditie liever met gestrekt been in. Als Luc net had gezegd dat bijvoorbeeld Hugo Matthysen ook goede Nederlandstalige teksten schreef, voegde Wout eraan toe dat Bart Peeters dat zeker níét deed. En dat de plaat wel wat rauwer had mogen klinken. En dat hij ook liever een andere derde single had gehad dan 'Soms vraagt een mens zich af', maar ja: die platenmaatschappij, hè?

Gaandeweg gingen de meeste interviews naar Luc, die al snel een perslieveling werd, ook omdat alle journalisten het fascinerend en eigenlijk ronduit vermakelijk vonden dat hij nog bij zijn moeder woonde. Er kwam nauwelijks een interview voorbij waarin daar geen vragen over werden gesteld.

Tot vreugde van Firmin Michiels hoefde hij weinig moeite te doen om deze band op de radio te krijgen. Na 'Anja' en 'Lieve kleine piranha' werd ook 'Soms vraagt een mens zich af' een hit, en bleef het album maar verkopen.

Gorky kwam ook in het vizier van programma's voor wie deze muziek normaal gesproken te alternatief was. Waar ze ook moesten playbacken, iets waar Luc ontzagwekkend slecht in was. Noelle, lachend: 'Ik kreeg dat ook te horen van medewerkers van die programma's, dat Luc dat niet kon. Dat kwam omdat hij niet zong. Luc dacht dat playbacken betekende dat je lipte.'

Ze werden in februari 1992 uitgenodigd door het enorm populaire VTM-programma *Tien om te zien*. Het optreden viel precies in een themaweek tegen kanker, waarbij iedereen op de zender een symbolisch speldje opdeed. Luc weigerde om precies dezelfde reden dat hij eerder geen nummer aan het Plein van de Hemelse Vrede had willen opdragen. Het hoofd muziek van de zender liep in de studio naar Firmin Michiels en wees erop dat uitgerekend nu werkelijk iedereen die over deze zender iets te zeggen had, aanwezig was. Hij was niet kwaad, eerder bezorgd: als Luc en de bandleden dit zouden weigeren, zou dat als een statement worden gezien, en enorme consequenties hebben. Het zou waarschijnlijk het laatste optreden van Gorky op VTM zijn, voegde hij eraan toe. Michiels: 'Ik begreep hem wel, maar ja. Ze wilden niet. Dan houdt het op.'

Het duurde maar een paar maanden voor het album goud haalde, wat betekende dat er 15.000 exemplaren van waren verkocht. Om dat te vieren, organiseerde Virgin in café De Voorhuid in Gent een borrel. Toen die plaatsvond, naderde het album alweer de 25.000 exemplaren. Lucs moeder was er niet bij, maar een aantal van zijn broers en zussen wel. De aanwezige journalisten stapten als vanzelf op hen af voor goede citaten. En die kregen ze. Ze hoorden dat Lucs moeder weliswaar afwezig was, maar dat ze zich er inmiddels bij neer had gelegd dat haar jongste zo'n rare was. En dat hun jongste broertje een goed mens was, maar dat hij nu ook geen pretenties moest krijgen.

Die kreeg hij ook niet, vond Patrick Riguelle, die zag dat de band nu in hoog tempo steeds meer volk trok. 'Luc ging goed met dat succes om, vond ik. Hij nam het niet te ernstig. Hij genoot van de aandacht van de wijven met de dikke tetten op de eerste rij, zoals hij dat zo smakelijk kon zeggen, maar hij ging niet zweven. En als hij iets niet wou, had hij Noelle om dat namens hem te zeggen. Ook dat was een *match made in heaven*.'

Want Luc, zegt Riguelle, 'zei altijd ja. Als je ja zegt, heb je nooit een conflict. Luc was een lafaard. Net als ik. Daarom was hij ook mijn vriend: we vonden elkaar daarin. Ook in het schuldgevoel dat je altijd hebt wanneer je nooit nee durft te zeggen. Hoe langer we elkaar kenden, hoe hoger de verhalen zich opstapelden over de conflicten die we hadden vermeden, en de problemen die dat opleverde.'

Al in de studio, en zeker toen ze de afgemixte versie van de plaat hoorden, wisten de leden van Gorky: dit gaan we zo niet spelen.

Al die toeters en bellen zouden ze laten vallen, en het volume van de versterker zou gewoon weer omhooggaan. Niet dat dat echt een keuze was: ze moesten veel repeteren om Wout en Geert op het niveau te brengen dat hoorde bij de podia en festivals waar ze inmiddels stonden. Het verschil tussen Gorky op plaat en Gorky op het podium was groot. Dat werd vaak opgemerkt in recensies, en was vrijwel nooit bedoeld als een compliment.

Lucs tegenzin om te repeteren werd steeds groter. En niet alleen die repetities: hij vond ook dat Wout en Geert te veel zeurden, vooral over hem. Er was genoeg aan zijn hoofd gezeurd in zijn leven, vond hij. Wout en Geert zeiden dat hij niet zoveel moest drinken, en al helemaal niet voor een show, en dat hij zich wat beter aan de afspraken moest houden, dat hij niet zo lui moest zijn, en ook niet zo lollig op het podium. En de zin 'Zou je dat wel doen, nog een Duvel drinken?' – hij kon hem niet meer horen, zeker niet van coladrinker Geert. En ook niet van Wout, die Luc tegenover vrienden soms 'De Zaag' noemde.

Hij klaagde erover tegen Noelle en tegen platenbaas Firmin Michiels. Net als Noelle probeerde Michiels de onvrede bij Luc te temperen – gezeik had je nou eenmaal in elke band –, maar dat ging moeizaam. Luc bleef erop terugkomen, vooral tijdens autoritten met Noelle.

Ze wonnen nog een prijs: de Gouden Prosper, in het leven geroepen door het weekblad *Panorama*. Het was een omstreden overwinning: ze speelden zo slecht dat ze het zelf meteen toegaven en er zelfs hun excuses voor aanboden.

Toen Geert eens een nieuw einde van een nummer wilde proberen, dacht Wout het begin van 'Lieve kleine piranha' te herkennen, en zette hij dat in, op ruime afstand gevolgd door de rest van de band. Het was een zootje, en toen Gorky op het podium als winnaar werd uitgeroepen klonk er gejoel van het publiek dat massaal op de hand was van de andere deelnemer, Tom Wolf.

Maar ja, ze wonnen wel 25.000 frank, genoeg voor nieuwe apparatuur. Al riep Luc, euforisch en beschonken, dat hij er een BMW van ging kopen. Luc werd door journalisten geconfronteerd met de kritiek, en probeerde de boel te sussen door de mensen erop te wijzen dat het uiteindelijk in dit leven gaat om de liefde. Een week later stonden in *Panorama* boze brieven over het 'afschuwelijk slechte' optreden van de winnaar van de Gouden Prosper.

***

Wout moest het leger in. Dat kwam niet alleen slecht uit, het viel hem ook zwaar, als pacifist. Maar de vervangende burgerdienst duurde twee jaar en dat zou betekenen dat hij nog meer optredens zou missen. Dus had hij de keuze tussen een kortere dienstplicht in Duitsland, of een jaar in België. En dat ook nog eens als onderdeel van de allerlaatste lichting dienstplichtigen. Hij koos voor België, zodat hij toch nog zo veel mogelijk optredens kon blijven doen, en werd geplaatst in het logistiek depot in Mortsel, waar hij administratieve taken kreeg. Hij was aanvankelijk opgelucht, omdat hij dan in ieder geval bij zijn oma in Antwerpen kon logeren. Met een zuur lachje: 'Wel hoorde ik al snel hoe mijn depot binnen het leger werd genoemd: het departement van onderbroekentellers.'

Dat bleek niet overdreven. Het werk was zó geestdodend dat hij zelf vroeg om meer taken, zodat hij zich in ieder geval niet zo verschrikkelijk verveelde. Maar zelfs met al het werk dat hij erbij kreeg, was er nog tijd om af en toe naast een telexapparaat in slaap te vallen wanneer hij de avond ervoor met Gorky had gespeeld.

Soms, wanneer optredens doordeweeks plaatsvonden, was dat echt niet te combineren, en daarvoor nam de band een invalbassist aan: Erik Van Biesen, bassist van de roemruchte garagerockband The Paranoiacs, het Vlaamse antwoord op de Ramones.

Ze kregen een uitnodiging van Ancienne Belgique voor de concertserie *Boterhammen in het Park*, en besloten daar iets bijzonders van te maken. Ze zouden akoestisch spelen, begeleid door Wim Rogge op gitaar, doorgewinterde muzikant en bandvriend vanaf het prille begin, Patrick Riguelle op mondharmonica, *lap steel* en piano, en Peter Libbrecht op viool. Rick de Leeuw zou 'Soms vraagt een mens zich af' komen zingen als duet met Luc.

Het viel De Leeuw op dat het herarrangeren van de nummers vooral gebeurde door Riguelle. Die was al vanaf het begin bij de band betrokken, nadat hem dat ooit was gevraagd door Noelle, in een vorig leven de cafébaas van Patricks stamkroeg Epibrant. Patrick: 'Een café dat verwees naar een woord van Carmiggelt, dat móést wel deugen.' Patrick was ook meegegaan tijdens de eerste tournee, als manusje-van-alles, of om Luc op te peppen als hij er geen zin in had, of gewoon lui was. En nog een voordeel: als Patrick erbij was, speelden ze 'De redder', wat Patrick als een essentieel Gorky-nummer beschouwde, vanwege de verwijzing naar een religieuze belevenis, die net zo goed een meisje zou kunnen zijn. En dan mocht ze de drinkende hoofdpersoon nog slaan ook. Hoe reviaans kon een mens het krijgen? Dat Luc net als Patrick een enorme Reve-liefhebber bleek, verbaasde hem dan ook niets.

Uiteindelijk waagde Patrick zich die avond ook aan de piano, een van de weinige instrumenten die hij niet kon bespelen. 'Ik was ook vergeten hoe die riff ging, ik modderde maar wat aan. En dat hoor je op de opnamen. Luc gaf me instructies hoe het nummer te spelen. Die luidden: "Alleen de witte toetsen".' Dat vond Patrick dan weer mooi. Luc in een notendop: aanmodderen mag, zo is het leven, dat mag je ook laten horen.

Vooral Wout was zenuwachtig voor de show, die vanwege de aankondiging van noodweer, dat er uiteindelijk niet kwam, werd verplaatst naar de AB zelf. Een volle AB, opnamen voor de VRT, voor het eerst akoestisch: er stond nogal wat op het spel. 'Geert en ik hadden al zoveel shit over ons heen gekregen vanwege ons spel en het grote verschil tussen de plaat en de nummers live. Dit was voor mij het moment om te bewijzen dat wij met zijn drieën Gorky waren, en dat we dit konden.'

Wouter Van Belle was er ook, maar met zeer gemengde gevoelens. 'Ik dacht: ze gaan me nu in ieder geval vragen om "Mia" live mee te spelen. Maar niet dus. Ik vond dat erg, had er een kater van. Maar toen ze "Ooit was ik een soldaat" speelden, was ik helemaal van de kaart. Magnifiek.'

Dat nummer hadden ze een paar weken voor die avond geschreven: 'Toen ik een jongen was / Wou niemand met mij spelen / Ik was de laatste van de klas / Daarom ga ik naar bordelen'. Firmin vond het nummer een meesterwerk en besloot dit optreden op cd uit te brengen. In een beperkte oplage, die naarmate het succes van *Boterhammen* vorderde, minder beperkt werd.

De band bleef veel spelen. In de Vooruit waren ze opnieuw het voorprogramma van de Tröckener Kecks. Het was een optreden met een onstuimig einde. Noelle: 'Met een blote madam. Het was een idee van Patrick Riguelle en gitarist Wim Rogge om iets speciaals te doen. Ik kende iemand die een peepshowclub had, en ben hem gaan vragen of hij nog een madam wist die een min of meer deftige stripshow wilde doen op ons podium. Ze mocht niet meer dan haar borsten tonen, maar dit moest je wel achter in de zaal nog kunnen zien. Ik kreeg een boek van hem met foto's: hier, kies er een. Die madam hebben we in het geheim laten binnenkomen. Tegen het einde van de show kwam ze van de zijkant het podium op in een soort lederen pakje. Geert zag haar als eerste, en het eerste was hij deed was naar het balkon kijken, waar zijn vriendin stond.'

Geert: 'Ik kan me daar niets van herinneren.'

Noelle: 'Luc zag ineens dat het publiek niet meer naar hem keek, en toen hij haar zag staan deed ze die veters los, en Luc speelde gewoon verder, maar dan met zijn gezicht tussen haar borsten.'

Geert: 'Dat kan ik me dan weer goed voorstellen. Die stripper herinner ik me wel. Ik vond het een beetje marginaal.'

Hoe vaker Michiels bij shows kwam kijken, hoe meer hij de sfeer in de kleedkamer vond lijken op die bij een begrafenis. 'Regelmatig kwam Luc bij mij klagen over die gasten. Dat ze het schoonste leven van de wereld hadden en dat ze toch alleen maar zaagden. Luc zei: kom naar optredens en let er eens op. En inderdaad: twee zeikerds. Vriendelijke mensen op zich, maar nooit was er iets goed.'

Bij het begin van een repetitie zei Luc het opeens tegen Wout en Geert: hij wilde ermee stoppen. Ze waren zo verbouwereerd dat ze weinig konden uitbrengen, behalve steeds dezelfde vragen. Hoezo? Waarom? Hoe dan?

Luc had geen antwoorden. Hij wilde stoppen, dat was het.

Noelle deed een voorstel: als ze nou de paar shows die voor december stonden nog af zouden maken met drummer Marc Bonne, invalbassist Erik Van Biesen en allesspeler Patrick Riguelle, en dan even allemaal tijd namen om rustig na te denken en alles te laten bezinken. Na die shows in december stonden immers geen optredens meer gepland.

Het was nu wel zaak het even stil te houden, zodat dit geen mediarel werd. De incrowd van de Gentse muziekscene wist het weliswaar al, maar hield het voor zich. Luc stemde in, maar zat vervolgens in zijn stamcafé naast een journalist aan de bar die hij het hele verhaal van a tot z uit de doeken deed.

De mediarel was geboren in de vorm van een soort smeuïg feuilleton met koppen als 'Gorky probeert vandaag nog de brokken te lijmen'. Er doken speculaties in kranten op als 'Zanger Luc De Vos gaf aan Studio Brussel toe dat de groep uiteengevallen is, maar dat er nog gepraat wordt', 'Bij het jongste optreden in Aalst speelden Geert Bonne en Wouter De Schutter zelfs niet mee' en '*Het Nieuwsblad* meldde gisteren dat Gorky niet langer bestaat'. De onvermijdelijke kop 'Alleen Elvis blijft bestaan' haalde ook de krant.

Gorky blijft zéker bestaan, reageerde Noelle, wat de verwarring nog groter maakte. Hij baalde, ook omdat hij wist dat Wout en Geert dit als een openbare vernedering zagen, en dat begreep hij.

Ze kwamen samen bij Noelle. Die zat aan de ene kant van de tafel. Geert, Wout en Luc aan de andere. Dat wil zeggen, toen Luc er eenmaal was. Noelle: 'Hij kwam te laat.' Vervolgens zei hij bijna niets. Dat hij zijn besluit had genomen, dat het vaststond, meer niet. Hij keek een paar keer opzichtig naar de klok. 'Hij was ongelooflijk koel,' zegt Geert. 'Hij wilde alleen maar weg.'

Wout en Geert wilden weten wat er echt aan de hand was. Hoezo was Luc volgens Noelle de ruzies zat? Zoveel ruzies hadden ze toch niet? Hoogstens wat meningsverschillen.

Ze hadden de rechten van alle nummers op het album verdeeld over hun drieën. Was het dat, een geldkwestie? Of zat Virgin hier achter? Of Noelle?

Noelle begreep dat ze het lastig vonden, de twee oerleden van Gorky. Door de aanhoudende pogingen van Geert was hij manager geworden van deze band, en nu hij Luc een paar jaar kende, wist hij met terugwerkende kracht zeker dat Wout, en met name Geert, in organisatorisch opzicht vóór die tijd de motor achter Gorky waren geweest. Bovendien waren ze niet alleen muzikanten, maar ook medeschrijvers van de nummers.

Tegelijk wist Noelle dat het onvermijdelijk was. Luc was al halverwege de tour begonnen met in de auto roepen dat hij wilde stoppen. Zijn voorgestelde time-out was ook alleen maar uitstel van een onvermijdelijkheid geweest, wist hij. Maar dan was het misschien niet opgevallen als Luc opeens met een andere ritmesectie op het podium had gestaan. Wout was een paar keer vervangen door Erik, daar waren nooit vragen over gekomen.

Noelle begreep ook dat Geert en Wout vermoedden dat Virgin hier achter zat, maar dat was niet zo. De waarheid was misschien nog wel pijnlijker: het maakte Virgin allemaal niet uit. De platenmaatschappij was verbaasd geweest over alle krantenartikelen en had Noelle wel gevraagd wat er aan de hand was. Noelle: 'Ze wilden vooral gewoon verder. En laten we daar eerlijk in zijn: op een paar uitzonderingen na zal het alle platenfirma's worst zijn wie er drumt in een groep. Wie er bas speelt. Zelfs wie gitaar. Zij willen een gezicht en een stem van een band. Ze wilden Luc houden. Ze zeiden: los het maar op. Geert en Wout hebben volgens mij altijd gedacht dat er een soort masterplan van het label achter zat. Dat snap ik. Het is moeilijker om te aanvaarden wanneer blijkt dat het je eigen zanger is die niet meer met je verder wil.'

Bovendien hadden Wout en Geert hun voorgeschiedenis tegen. Het aantal keren dat zij ook naar een radiostudio wilden maar de redactie had laten weten dat ze aan Luc voldoende hadden, was enorm, en heel Vlaanderen wist dat ze de plaat niet hadden ingespeeld. Dat had de krant gehaald en was in eerste interviews net zo'n terugkerend thema geweest als het feit dat Luc nog bij zijn moeder woonde.

Geert en Wout wisten dit en hadden geen zin om er een strijd van te maken. Wout beschouwde Gorky als een alternatieve band die al snel mainstream was geworden. En mainstream publiek was in tegenstelling tot alternatief publiek helemaal niet bezig met muzikanten, maar alleen met een zanger. Van een groep met één gouden plaat. Niemand zou hem missen: hij wist het.

Er viel nog wel van alles af te wikkelen. Ze vormden samen een vennootschap, bijvoorbeeld. En die vof was een band en die had een naam.

Luc kon het allemaal niks schelen. Hij wilde alleen maar weg uit deze ruimte. Hij zei zelfs, tot schrik van Noelle, dat de andere twee de naam mochten houden. Dan ging hij wel door onder de naam Luc De Vos, of Luc De Vos en Vrienden. Noelle vond dat een slecht idee. Tegelijk vreesde hij dat Wout en Geert, verbijsterd als ze hier nog steeds voor hem zaten, op álles nee zouden zeggen als hij zou voorstellen dat Luc de bandnaam hield. Dus deed Noelle een voorstel: geen van de twee partijen mocht de naam Gorky blijven gebruiken. Er iets anders van maken mocht wel. Bijvoorbeeld Gorkie, of Gorki.

Noelle: 'Luc vond het allemaal best, al zei hij iets als: "Is dat niet raar?" De andere twee vonden het ook wel raar. Als wij de naam Gorky hadden gehouden, waren ze alleen al uit principe niet akkoord gegaan, denk ik. Het leek mij een mooie doorstart, Gorki, een naam waar de platenmaatschappij ook akkoord mee zou gaan. Het zou erger zijn geweest als wij waren doorgegaan met Gorki en zij bijvoorbeeld met Gorkie.'

Ze gingen alle drie akkoord. Luc keek voor de zoveelste keer op de klok en stond op. Hij zei dat hij nu echt weg moest, hij moest zijn moeder ophalen.

Weg was hij, en met hem Gorky.

De bandleden werden gebeld door journalisten, verwezen weifelend naar het uitgestuurde perscommuniqué en stamelden iets over de officiële reden van iedere scheiding in de geschiedenis van de popmuziek: artistieke meningsverschillen.

Het vrat aan Wout en Geert, enorm, en de overtuiging dat Luc geen idee zou hebben hoezeer maakte het nog erger. Dat een week na de breuk geen enkele journalist meer belde, en ook geen medemuzikanten, hielp ook niet. 'Wout en ik zijn letterlijk gedumpt door Luc,' zegt Geert, 'en vervolgens ook door de rest van de muziekscene. Dat heeft bij mij een wrang gevoel nagelaten.'

Sinds zijn veertiende had Geert, die midden in het centrum van Gent woonde, nooit een editie van de Gentse Feesten gemist. Maar de zomer na de breuk bleef hij thuis met de ramen dicht toen Gorki vlak bij zijn huis optrad. 'Ik kan het alleen maar vergelijken met een rouwproces. En dat heeft lang geduurd. Inclusief de ontkenning, en vooral de vraag wat ik verkeerd heb gedaan.'

Toen *Hij leeft* verscheen, het tweede album – of in de beleving van Geert en Wout: het eerste album van Luc met zijn nieuwe band, of nog preciezer: het eerste album van Luc met een aantal muzikanten – kreeg Luc in interviews veel vragen over het einde van de vorige band. In zijn pogingen dat onderwerp zo snel mogelijk af te ronden en over te gaan op iets comfortabelers, praatte hij er zo laconiek mogelijk over. Dat het geen ramp was of zo, gewoon een band die van bezetting wisselt, zoals zo ongeveer alle bands in de geschiedenis van de popmuziek dat geregeld doen. Het was vooral geen drama.

Precies dat maakte het drama voor Geert en Wout nog groter. Wout stond nog geen jaar geleden op de Gentse Feesten op een oplegger achter het podium zijn T-shirt uit te wringen van de hitte in de bomvolle tent. En nu zat hij nog steeds in het leger, in dat vervloekte leger, waar hij niets te zoeken had. Getergd: 'Het vrat enorm aan me. Ik moest wachtlopen in het leger, met een machinegeweer. Op een gegeven moment heb ik effectief overwogen om er een kogel mee door mijn kop te jagen. Ik was net tiener af. Mijn hele tienerwezen was gebouwd rond muziek. Ik had een droom, en die was gedeeltelijk bewaarheid geworden. Tot hij nu opeens, zomaar, was stopgezet.'

Bij de Fnac waar Wout daarna werkte en waar Luc vaak cd's en boeken kocht, zag hij hem nooit meer. Heel soms kwamen ze elkaar op straat tegen, en Geert liep een keer langs het café van de Vooruit toen Luc daar een interview gaf. Het was altijd hetzelfde: zichtbaar ongemak, ontwijkende blikken, hooguit een mompelend gedag.

Geert en Wout bleven samen muziek maken, waarbij Wout zong, want hij wilde niet dat ooit nog iemand anders zijn teksten zou zingen. Maar ja, Wout was geen zanger, en al helemaal geen charismatische frontman. Ze deden een paar shows, en kregen dan te horen dat de muziek wel erg op die van Gorky leek.

In 1993 schreef Geert Luc een brief.

Hallo Luc,

Ik schrijf deze brief niet als een laatste smeekbede, maar ik wil gewoon een paar feiten opsommen en ik zou daar graag wat reac-

ties van jou op krijgen. Ik vind het heel jammer dat alles zo moet verlopen, ik had het me anders gedroomd. Wat ik eigenlijk nog erger vind is dat je me niets kan verwijten tenzij natuurlijk dat je vindt dat ik muzikaal niet goed genoeg ben om met jou door te gaan. Ik heb natuurlijk ook nog een eigen mening over wat volgens mij goed of niet goed genoeg is voor de groep of het 'imago' van de groep. Als je met andere muzikanten zal spelen zal dat ook zo zijn, tenzij ze fortuinlijk worden betaald om te zwijgen. Ik heb me verdomme vier jaar met hart en ziel ingezet voor het welslagen van de groep en nu we bijna aan de top zijn laat je ons stikken. Dat is het gevoel dat ik nu heb, liefdesverdriet, en ik denk wel dat jij dat gevoel kent, nee, ik weet het zeker.

Jij zegt dat de misère begonnen is toen we de studio in gingen met Van Belle. Nu moet je mij concrete voorbeelden geven van wat, waarover en met wie er problemen waren. Met mij kan er al geen probleem geweest zijn omdat ik doodeenvoudig daar bijna niet geweest ben, behalve bij de opnames van de drums en daar heb ik enkel maar mijn mening gegeven, en dat is mij trouwens gevraagd, over de manier van drummen en de breaks enz.

Ik denk niet dat je beseft wat ons is overkomen en naar je houding te zien van die bewuste zaterdag kan het je ook geen bal schelen. Ik ben je altijd blijven steunen, ook wanneer jij of Wout het moeilijk hadden. Ik ben bijna altijd naar je solo-optredentjes gekomen en na de repetities soms nog eens op café, terwijl mij wordt verweten niets aan de groepssfeer te doen. En je weet maar al te goed dat ik 's morgens vroeg uit de veren moet en Wout al helemaal niet kan vanwege legerdienst.

Als je nu gewoon nog drie maandjes op je tanden kon bijten tot Wout uit het leger is, zou je zien dat veel problemen zullen wegvallen. Wout is gewoon een gefrustreerd soldaat en ik begrijp dat of ik probeer het tenminste te begrijpen. Ik zou ook geen tien maanden dag in dag uit tegen mijn goesting werken voor iets waar ik niet achter sta.

Dit is volgens mij je grootste probleem. Terwijl je Wout juist zou moeten steunen verwijt je hem alles en mij erbij.

Kijk: ik zit nu hier Wout te verdedigen, maar ik zou hetzelfde doen moest jou iets overkomen. Het is niet eerlijk dat je zo reageert en het doet me zeer veel pijn dat het je koud laat.

Maar wat doet het er allemaal toe dat ik hier mijn gedacht, mijn verdriet zit neer te pennen. Jij zal deze brief misschien lezen, maar dan, hij zal waarschijnlijk wel in de vuilnisbak terechtkomen.

Wat is er nu van mij overgebleven: een gefrustreerd stuk muzikant in de steek gelaten door iemand van wie hij dacht een vriend te zijn, gefrustreerd omdat hij niet eens weet waarom hij langs de kant geschoven is.

Daar zou ik dus graag antwoord op krijgen.

Dus als je het me niet in mijn gezicht durft te zeggen, schrijf het dan op papier a.u.b., als dat niet te veel gevraagd is.

Geert

Hij betwijfelde of hij antwoord zou krijgen, gezien Lucs weigering het einde van Gorky toe te lichten en de inmiddels verstreken tijd. Maar er kwam toch een eveneens handgeschreven brief terug van Luc, aanmerkelijk korter dan die van Geert.

Beste Geert,

Het is inderdaad mijn schuld dat het uiteen is gespat, maar ik vond het echt vooral voor mezelf nodig, al klinkt het egoïstisch. Ik was doodongelukkig omdat er altijd boel was of dat de sfeer weer scheef zat. Ik kon het niet meer houden, hoe jammer ik het ook vond. Ik moest ermee ophouden, om van al mijn frustraties en ellende af te zijn. We konden het onszelf niet meer aandoen altijd tegen ons goesting te spelen en te repeteren. Als het nu niet gebeurd was, dan zeker deze zomer met de nieuwe plaat, de optredens, de discussies. Het ga je goed,

Luc

Toen Gorki een jaar of twee later in Gent speelde, belde Geert Noelle of hij op de gastenlijst mocht. Hij keek naar de show, hoorde de band nummers spelen van het debuut, van opvolger *Hij leeft*, en ook alvast enkele van hun komende plaat, *Monstertje*. Hij ging na de show backstage. Met knikkende knieën. Letterlijk. Gelukkig kende hij bassist Erik nog van diens tijd bij The Paranoiacs, en met gitarist Wim Rogge had hij als puber in een bandje gespeeld, dus hij had aanspraak. Van Luc kreeg hij die niet. Die ontweek hem. Geert vond het pijnlijk. In de jaren erna ging hij nog een paar keer, en langzaam ontdooide Luc iets.

Geert bleef Luc ook volgen in de media, en lette vooral op de manier waarop hij sprak over Gorky, hun debuut, en 'Mia'. Het stond eigenlijk gelijk aan het opzoeken van ergernis en frustratie, want Lucs blik in de achteruitkijkspiegel was er doorgaans geen door een roze bril. Zoals zijn zussen zich ergerden wanneer hij zich volgens hen veel te negatief uitliet over Wippelgem in het algemeen en zijn jeugd in het bijzonder, zoals het Wim De Bock irriteerde dat hij zijn hele muzikale leven voor Gorky in interviews afdeed als hooguit een oefening in falen, zo irriteerde het Geert nu dat Luc in zijn beleving het schrijven van het debuut van Gorky te veel aan zichzelf toedichtte.

Toen Luc bijna een decennium later, in 2002, werd geïnterviewd door *Humo* bij verschijning van het nieuwe Gorki-album *Vooruitgang*, ging het onder meer over 'Mia' en het debuut. Wat Luc daarover vertelde wekte zoveel ergernis, dat Geert opnieuw een brief schreef. Alleen stuurde hij die nu niet naar Lucs huis, maar naar de redactie van *Humo*, die hem in mei integraal afdrukte.

Reactie op het interview met Luc De Vos van Gert Van Nieuwenhove:

Langs deze weg wou ik toch nog reageren op een paar uitlatingen van Luc De Vos:

In het hoofdstukje 'Klets op de billen', dat gaat over 'zijn' nummer 'Mia'. Eigenlijk is het de druppel die de spreekwoordelijke emmer deed overlopen, want na tien jaar begin ik het bijzonder vervelend te vinden iedere keer te moeten lezen dat de muziek en de teksten van Gorky geschreven zijn door Luc himself. Ik heb het hier dus over de periode Gorky met y en niet met i om alle misverstanden te vermijden. Alle nummers van die periode zijn trouwens aangegeven bij Sabam onder Gorky (Luc De Vos, Wout De Schutter, Geert Bonne), dit in theorie. In de praktijk heb ik geen enkele moeite om toe te geven dat de meeste ideeën, met de nadruk op meeste, van Luc komen die dan in het repetitielokaal door ons alle drie gezamenlijk werden uitgewerkt tot een volwaardige song. 'Mia' is daar zo'n perfect voorbeeld van. Luc had een tekst geschreven, en ik had thuis op een gitaarrifje zitten werken en die twee hebben we tijdens de repetitie samengevoegd en aangepast en zo is 'Mia' ontstaan. Dus 'Mia' komt niet alleen uit het originele brein van Luc De Vos. Dit moest mij toch even van het hart, want Luc mag dan wel, zoals hij zelf beweert, een genie zijn, zonder ons (Wout en Geert) was hij nooit zo ver gekomen.

Dat klinkt misschien pretentieus, maar wij moesten hem iedere keer weer aanporren om toch nog eens te repeteren want dat deed Luc niet zo graag.

In hetzelfde hoofdstukje heeft hij het over de opname van 'Mia' in de studio. Jullie vroegen of het drumstel stuk was tijdens de opname van 'Mia'. Luc bevestigt dat, maar IK *was op dat moment aan het drummen tijdens de opname en ik kan mij dat toch niet herinneren. Waar heeft* Humo*-journalist Gert Van Nieuwenhove zijn bronnen gecheckt? Een zoveelste hersenkronkel van Luc?*

Na tien jaar langs de zijlijn wilde ik toch eindelijk eens duidelijkheid scheppen over onze (Wout en Geert) rol bij Gorky. Die periode is namelijk een periode van een groep of band en geen individu met enkele muzikanten als aanhangsel. Ik wil zeker geen kritiek leveren op de huidige muzikanten die met Luc spelen maar er is toch een verschil. Wij (Luc, Wout, Geert) hebben Gorky opgericht met als filosofie dat iedereen van de groep liedjes schreef en daar werd dan democratisch over beslist of het een geschikt liedje voor Gorky was of niet. Maar ook over andere zaken werd gezamenlijk beslist.

Na tien jaar heb ik van Luc nog altijd geen verklaring gekregen – ik heb het hem nochtans al dikwijls gevraagd – waarom hij niet meer met ons verder wou.

Verder wens ik Luc het allerbeste en wat meer duidelijkheid in interviews.

Geert Bonne, ex-Gorky-drummer

Ja, dat luchtte op.

En ja, een week later had Geert er spijt van. Hij rekende erop nooit meer met Luc op een podium te zullen staan.

Tot hij opnieuw jaren later, in 2007, ineens in de krant las dat Gorki zou meedoen aan een nieuwe serie van de Ancienne Belgique, waarbij Vlaamse bands het belangrijkste album uit hun loopbaan integraal zouden spelen. Niet veel later zou dat een zeer gebruikelijke basis voor internationale tournees worden, maar de AB was in dit opzicht haar tijd vooruit.

Het debuut dus, in het geval van Gorky. Hún album, dacht Geert, en met hem Wout, die hem voor bleek te zijn geweest. Wout had al contact opgenomen met Noelle. Die reageerde ietwat afwachtend, vonden ze, maar ook niet totaal afwijzend.

Noelle was zelf dan ook allesbehalve afwijzend, hij vond het eigenlijk niet meer dan rechtvaardig. 'Luc was er niet tegen, maar stond er ook niet om te springen. "Ah, moet dat? O, oké, ja ja." Dat was typisch Luc: ah oké, regel het dan maar.'

Niet het volledige album, zoals ze zelf hadden voorgesteld, maar wel 'Mia'. Er moest dus gerepeteerd worden.

Er stapten die eerste repetitie drie mannen het repetitiehok in met enige zenuwen. Maar ook vastbesloten dit in een goede sfeer te laten verlopen. En ze kenden Lucs karakter goed genoeg om te weten wat dat in dit geval betekende: gewoon de nummers repeteren en het niet meer over het verleden hebben. Er werden wat ongemakkelijke grapjes gemaakt om het ijs te breken en al snel gingen ze over tot spelen.

De repetities verliepen voorspoedig, er bleek weinig roest op het samenspel te zitten. Ze besloten het aantal nummers uit te breiden tot vier. Dat had Noelle al verwacht: hij had vooraf gezegd één, maar in het repetitiehok zou Luc toch niet nee kunnen zeggen. Hoe dan ook, het was in ieder geval niet het volledige album geworden.

Wout zag uit naar de show, en voor Geert waren deze repetities eigenlijk al de werkelijke reünie geweest: 'Gewoon, weer met zijn drieën in een kleine ruimte bij elkaar, lekker muziek maken.' Straks in de AB zou het hectisch zijn, met allerlei mensen eromheen, met zenuwen en spanning en drukte. Dit, hier in dit stinkhok, dit was precies wat hij gemist had. Wout stelde voor om, nu ze toch schoon schip met hun verleden aan het maken waren, Wouter Van Belle te vragen tijdens 'Mia' de piano te spelen. 'Luc zei meteen nee.'

De avond van Gorki Plays *Gorky* kwam Luc op, citeerde The Scabs, die hier een week eerder speelden, en zei: 'We spelen nu een nummer van de groep Gorky,' een inmiddels zeer vertrouwde aankondiging, waarin nog steeds de echo doorklonk van zijn afkeer van coverbands. Hij kon er nu nog aan toevoegen: 'Van het album *Gorky*.' Het al jaren niet meer gespeelde 'Wacht niet te lang' was te horen. En 'Nooit meer winter', dat Luc in de loop der jaren iets lager was gaan zingen, want het nummer moest werkelijk uit zijn tenen komen. Voor het vijfde nummer, 'Mia', moest hij even zoeken naar zijn akkoord. 'Neukende hel,' zei hij. Hij zette in, en Wout en Geert doemden op. 'Jawel, dames en heren, Wout en Geert van vroeger.'

Wout en Geert genoten. Eindelijk, in veel opzichten. Eindelijk erkenning. Eindelijk verzoening. Eindelijk weer eens live spelen. Na 'Mia' liepen ze het podium af. 'Ze komen straks nog terug,' zei Luc, een muziekstandaard voor zich met de oude teksten. Hij greep de mogelijkheid aan om van het volgende nummer op het album, 'Lieve kleine piranha', een misverstand over de openingszin 'Bartje staat te kijken door het raam' uit de weg te ruimen: 'Het is Bartje, niet Wartje. Ik heb blijkbaar niet goed gearticuleerd toen we de plaat opnamen.'

Toen alle veertien nummers van het eerste album waren gespeeld, kwamen Geert en Wout terug, om twee nummers te spelen die wel op de demo stonden, maar de debuutplaat uiteindelijk niet haalden: 'Ik word oud' en daarna 'Naar de top', met openingszin 'Eddie, kom je spelen?'.

'Jawel, Eddie!' riep Luc na het eerste woord. Daarna speelden ze nog 'Alles moet weg', waar Luc aan toevoegde dat het alleen op cassette was verschenen. Wout en Luc zongen het refrein samen door één microfoon. Het zag eruit zoals vroeger, het klonk zoals vroeger, het rammelde ook zoals vroeger. Het mocht geen competitie worden, was herhaaldelijk gezegd, maar aan een vergelijking ontkwam natuurlijk niemand in deze opzet. En aan de conclusie evenmin. Gorki was een rockband, Gorky was een punkbandje.

De slotbuiging was er een van Gorki en Gorky gebroederlijk arm in arm op hetzelfde podium.

Noelle: 'Het was echt een toffe avond, voor een volle AB. Het is niet oneerbiedig bedoeld, maar je merkte ook direct waarom Gorky ooit is gesplit, want het verschil tussen de oude en de nieuwe band was groot. Die jongens van de eerste bezetting speelden ook lang niet zoveel als de huidige leden. Je hoorde: oké, dit is een andere band, met een ander geluid.'

Een mooie avond, een mooi slot. Sterker, vonden Geert en vooral Wout: een dermate mooie avond dat het eigenlijk geen slot zou moeten zijn, maar de opmaat naar een werkelijk slotakkoord.

Ze stelden Luc voor om nog een keer samen wat te gaan drinken, in café de Trollekelder. Luc zag ertegen op. Het was toch goed zo? Ze hadden samen gespeeld, daar in de AB was het verleden begraven en het zand eroverheen gestort. Wat viel er verder nog te bespreken?

Geert en Wout vertelden Luc dat ze hadden genoten van de avond. Enorm genoten. Het was ook een avond die duidelijk had gemaakt dat ze dat nog steeds konden, samen spelen. Met gemak, met plezier. En het publiek vond het ook tof om ze weer samen te zien, dat was ook duidelijk geworden.

Kortom. Dus.

Konden ze niet nog een paar keer samen repeteren? Lekker samen spelen, en dan weer samen nummers schrijven, nog een keer samen de studio in, maar nu echt samen, een plaat uitbrengen, een plaat volledig naar hun eigen smaak en niet naar die van een producer, vervolgens een paar mooie shows doen, en dan ieder z'n eigen weg gaan, maar dan met een veel beter gevoel, en na een werkelijke afronding?

Dat was hun voorstel. Aanvankelijk vooral van Wout, die na de show in de AB niet, zoals Geert, voornamelijk opgelucht was, maar ronduit euforisch. Hij had Geert snel kunnen overtuigen. Die vroeg zich vooral af of Luc dit wel zou zien zitten. Maar terwijl ze het plan uit de doeken deden, wisten ze het antwoord eigenlijk al.

Geert: 'Hij zei het niet. Maar we voelden het wel. Ik denk dat we een beetje waren gaan zweven, omdat we de magie weer hadden gevoeld.'

Wout: 'Ik dacht: zeg nou gewoon eens nee. Durf dat nou eens.'

Luc zei na een klein uur dat hij weg moest, hij moest nog iets doen. En hij zou het eens bespreken met Noelle, en dan iets laten horen.

Toen verliet hij het café en liet hij Geert en Wout achter in de wetenschap dat ze niks meer zouden horen, en al helemaal geen waarom.

IV

We dronken wijn van stierenbloed
Ik en haar wij kwamen nooit klaar
Op de tafel, op de vloer
Werden wij gevloerd door al de eisen van de romantiek

Gorky – 'Eisen van de romantiek' (van het album *Gorky*)

Een trompet.
Een kora.
Een tama.

Nee, het instrumentarium op *Hij leeft*, het tweede album van Gorki, was niet ontsproten aan het brein van Luc De Vos. En het album opnemen in Studio Xippi was al helemaal niet zijn idee.

Studio Xippi ligt namelijk in Dakar. In Senegal. Afrika.

Toen Firmin Michiels de nummers hoorde die Luc had geschreven voor het tweede album, dacht hij: dit zijn geen nieuwe Anja's en Piranha's. Sommige nummers ('You'll Never Walk Alone', 'Samen in dat donkere huis') had Luc in oerversies al met Gorky gespeeld. 'Berejager' ook. Dat nummer had hij geschreven nadat hij in *Humo* had gelezen dat Jef Geeraerts als tiener was opgepikt door een vrouw van veertig die hem drie weken lang had bemind in een hotel aan zee. Zoiets gunde Luc iedere tiener, en vooral had hij het zichzelf gegund.

Het grootste deel van de nummers had hij daarna geschreven, noodgedwongen in een vrij korte tijd, omdat hij met de oude bezetting van de band nauwelijks aan nieuwe nummers toekwam, druk als ze waren met het nog onder de knie krijgen van de nummers van de eerste plaat.

Michiels vond dat de oude bandleden hun gedwongen vertrek aan zichzelf te danken hadden. Als je geen wereldmuzikant was, moest je vooral niet ook nog eens moeilijk in de omgang zijn. En al speelden ze door dat veelvuldig repeteren en optreden veel beter dan in het begin, goed genoeg zou het nooit zijn geworden. Met de nieuwe muzikanten voorzag hij overigens nog steeds enig oplapwerk in de studio, maar een stuk minder en ze hadden er in ieder geval zichtbaar zin in.

Maar Luc had dus met dit nieuwe werk geen hit in handen, vond Michiels. Er moest iets bijzonders met dit album gebeuren. Gorki had een nieuw verhaal nodig, anders zou elk interview alleen maar over de bandwisseling gaan. En het verhaal dat bij de eerste plaat zo massaal was opgepikt, dat kende iedereen nu wel. De jongen die al een man was, op de zolderkamer bij zijn moeder in het dorpje Wippelgem: overal beschreven en verteld. Bekend, maar vooral ook achterhaald.

Luc De Vos had inmiddels een relatie, met Sandra Heylen. Ruim een kop groter, en uit de Kempen. Ze was verliefd geworden op zijn enthousiasme. 'Een heel fel gevoel dat hij een enorme drive had om iets te doen. Iets dat nu ook nog lukte, waardoor hij echt op een adrenalinerush van verwondering zat. Zelfs vanwege het feit dat ik bij hem wilde zijn. Alsof hij dacht: een vrouw, van net nog geen eenentwintig! Waar ik naartoe mag gaan wanneer ik maar wil, die met me wil kussen! Terwijl mijn liedje op de radio is, en iedereen mij aanspreekt! En dat gecombineerd met geen enkele pretentie daarover, alleen maar nederigheid en dankbaarheid. Ik vond de manier waarop hij in het leven stond heel mooi. Ook in combinatie met zijn belezenheid en wijsheid. En zijn kathedraal van een lichaam, natuurlijk.'

Die levenswijsheden waren wel gebaseerd op een leven dat

hij in sommige opzichten alleen nog maar in zijn fantasie had beleefd, onervaren als hij was in de liefde en gekleurd als zijn beeld van vrouwen was door zijn moeder en zussen. Sandra: 'Het heeft een specifiek vrouwbeeld opgeleverd, dat hij altijd met zich is blijven meedragen. Het beeld van een relatie waarin de vrouw eigenlijk de touwtjes in handen heeft, feitelijk alles beslist, en op ieder moment kan zeggen: nu is het afgelopen. Waarin een man altijd seks wil en dat pas gebeurt op het moment dat de vrouw daarmee instemt.'

Dat Luc erin slaagde Sandra te versieren daar in Herenthout, waar ze achter de bar werkte bij het optreden van Gorky tijdens hun tournee met The Scene, heeft volgens Sandra twee redenen. 'Op de eerste plaats het feit dat hij stomdronken was. En ten tweede dat ik reageerde met: oké dan, *let's do this*. Het begon eigenlijk zoals het daarna altijd is gebleven: Luc gaf een aanzet, en als ik die dan oppakte, waren we vertrokken.'

Toen Sandra hem uitnodigde op haar kamer in Leuven, zei Luc dat hij dan eerst even zijn moeder moest bellen, om te zeggen dat hij niet thuis zou komen vannacht. Sandra reageerde lacherig noch verbaasd, ze wees hem waar een telefooncel stond.

Zelfs op het moment dat ze al een huis hadden gekocht, wilde hij nog bij zijn moeder blijven wonen. Niet eens zozeer uit loyaliteit – al was het duidelijk dat het zijn moeder zwaar zou vallen als ook haar laatste kind het huis zou verlaten –, maar vooral ook uit gemakzucht. Het was eigenlijk prima zo. Lekker eten bij zijn moeder, tegen wier kookkunsten toch geen enkele vrouw ooit op zou kunnen, in de badkamer gitaar spelen en op zijn kamer liedjes schrijven, en verder zo veel mogelijk naar Sandra in hun huis.

Sandra maakte hem duidelijk dat dit wellicht zijn eigen ideale scenario was, maar niet per se dat van haar. 'Toen wilde hij het bureau, de stoel en het tapijt, dat al veertig jaar op zijn kamer lag en waar geen haren meer op zaten, allemaal mee, net als die zetel met scheuren erin waar de gele mousse uitkwam, om die hier neer te zetten in dezelfde opstelling als thuis in Wippelgem.'

Langzaam, beetje bij beetje, wist Sandra de spullen te vervangen. Eerst een keer laten vallen dat ze ergens een mooie stoel had gezien, tijdje laten inwerken, er later nog eens op terugkomen op een zo vrijblijvend mogelijke toon. Ze had al snel door hoe Luc zich verhield tot veranderingen. 'Liever helemaal niet, maar als het dan toch moest, dan niet te hard, niet te bruusk. Hem toch verleiden tot verandering was geen kwestie van manipulatie, maar van subtiliteit. Op muzikaal gebied stond hij altijd open voor nieuwe dingen. In de literatuur was hij heel westers georiënteerd, maar wilde hij wel altijd interessante debuten lezen. Maar op andere gebieden wilde hij geen verandering. Hij was ervan overtuigd dat er de laatste decennia geen goede films waren gemaakt. Van Woody Allen wilde hij niet de nieuwe film zien, maar nog eens de oude. Ik kon steeds beter inschatten waar hij opeens een lijn trok. Met eten was dat het gemakkelijkst. Pasta bolognese was de grens van exotisme. En dat is natuurlijk eigenlijk gewoon een gehaktschotel.'

Gorki had zelf ook verandering nodig. Dat werd het verhaal van die Vlaamse band die naar Dakar ging om daar, in de studio van Youssou N'Dour, een nieuw album op te nemen. In muzikaal opzicht rijker dan het eerste, vol invloeden uit de wereldmuziek, en geproduceerd door Sylvain Vanholme. Die had Firmin op een feest in zijn tuin verteld over zijn vakantie in Senegal, en over zijn bezoek aan de studio van N'Dour. Vanholme: 'Firmin zei dat het wel tof zou zijn om daar een plaat op te nemen met een Belgische groep. Misschien iets voor Gorki.'

Vanholme had zoveel contacten in Afrika dat ze wekenlang in Dakar aan hun tweede album zouden kunnen werken voor praktisch hetzelfde budget als waarmee ze twee weken een studio in Brussel konden huren.

Firmin stelde het Luc voor; die reageerde welwillend. Luc was sowieso meer van het ondergaan dan van het initiëren, was inmiddels de indruk van Firmin. Producer Vanholme, onbekend met het werk van Gorki, ging ter voorbereiding een keer naar een show kijken. 'Ik vond dat orkest veel te luid. Ongelooflijk, het leek wel hardrock. Ik vond ze ook niet professioneel genoeg.'

Eén keer ging hij bij Luc thuis langs, om persoonlijk kennis te maken. 'Een heel rustig huis, die mama bij de stoof: zeer eigenaardig allemaal, eigenlijk. Luc kwam over als een gecompliceerd mens. Hij kon je lang aankijken met die doordringende ogen, maar sprak zich nauwelijks uit. Ik wist niet wat er in hem omging.'

Snel daarna stapte een deel van Gorki, aangevuld met enkele gastmuzikanten, in het vliegtuig. De nieuwe toetsenist Luc Heyvaerts was net te laat aangetrokken: toen hij officieel bandlid werd, waren de visums al aangevraagd.

Ik weet maar één ding: mij zien ze niet meer op een vliegtuig. Het zijn, wanneer men het van heel dichtbij beschouwt, waanzinnige toestanden: een ijzeren projectiel van wel duizend ton, dat schieten ze de hemelen in met tienduizend liter nafte in de vleugels. Hoe is het in godsnaam mogelijk dat mensen daarin gaan zitten. Dat ze alstublieft thuisblijven. Het was Blaise Pascal die schreef in zijn Pensées*: 'Alle miserie in de wereld ontstaat door het feit dat mensen niet gewoon thuis blijven zitten.'*

(Uit: 'Het gevaar', opgenomen in *Het werk van de duivel*)

Het album *Hij leeft* werd goed ontvangen, ook in Nederland, waar muziekblad *OOR* sprak over de indringendste Vlaamstalige popmuziek aller tijden. Het werd ook een verkoopsucces: maar liefst zeventienduizend mensen hadden het al besteld voor het uit was. In het titelnummer zong Luc over het Monster van Loch Ness, dat in het nummer ook werkelijk leek op te doemen uit het water. Er zat geen enkele ironie in de tekst, zoals Luc nooit de neiging zou tonen zich spottend uit te laten over anders- of bijgelovigen. In 'Vader, wij wachten' zat een ronduit religieuze ondertoon.

Het allerbeste nummer was het tragikomische 'Beste Bill', dat op het album volstrekt anders klonk dan de band het ooit had geschreven. Precies dit was het probleem van het album volgens Luc. Het klonk niet zoals hij het had bedoeld.

Volgens de producer van het album wist Luc vaak niet precies wat hij bedoelde. 'Hij had wel ideeën, maar wist feitelijk niet waar die nummers eindigden of hoe ze precies moesten klinken. Als hij dat al uitlegde, mompelde hij maar wat. In zijn kop waren zijn nummers al af. Zijn instelling was: en nu gij, trek uw plan maar.'

Bassist Erik, grijnzend: 'Ik heb zelf een fantastische tijd gehad in Senegal, in tegenstelling tot Luc. Maar in plaats van de nummers de nummers te laten, trok die producer alles naar zichzelf en al die muzikanten die hij bij zich had toe, met talloze arrangementen. Die vervolgens op het podium door ons met een grote trap weer naar buiten zijn geschopt.'

Toen het album verscheen, speelde Gorki er wel nummers van, maar die verdwenen in hoog tempo van de setlist, om er vele jaren lang niet meer op terug te keren. En toen dat uiteindelijk gebeurde, was het in de versies zoals Luc ze oorspronkelijk had bedoeld.

Openingsnummer 'In onze lage landen' kwam nooit meer terug. Luc vond de passage 'ik zie je huilen en je schuilt in je toren' later zo slecht dat hij zich ervoor schaamde. Het was niet de enige reden dat *Hij leeft* al snel op Lucs persoonlijke vuilnisbelt der geschiedenis belandde. Hij had ook geen goede herinneringen aan de opnamen.

Firmin Michiels, die het album enthousiast liet opsturen naar de pers in handgemaakte koffers uit Senegal, wist aanvankelijk niet wat hij hoorde toen hem dat duidelijk werd gemaakt. Hij was er voor een deel bij geweest, en had nooit een onvertogen woord van Luc gehoord. Niet over de opnamen, niet over de productionele keuzes, niet over het verblijf. En toen hij Luc daar in Senegal zag rondlopen in zijn net iets te kleine zwembroek, kreeg hij evenmin de indruk van enig ongeluk of zelfs ongemak. Maar opnieuw had Luc het gevoel dat zijn plaat niet van hem was, maar van de producer, met al diens toevoegingen en al die extra muzikanten die in en uit liepen.

Die producer staat tot op de dag van vandaag achter die keuze: 'Ik denk in het belang van het concept. En het concept was: Afrika. Van mij hadden die groepsleden niet eens mee hoeven komen.'

Niet dat het in praktisch opzicht nou een gemakkelijke plaat was. Vanholme: 'In een lokale jazzclub zag ik iemand prachtig op de kora spelen. Ik zei tegen Bert Gielen, de toetsenist die ik had meegenomen: wat zou het geweldig zijn als die man dat speelt op "In onze lage landen". We vroegen hem mee naar de studio en namen samen met Luc een eerste versie op. Het klonk prachtig. Mooi, zeiden we, laten we nog een take opnemen. De muzikant antwoordde: nee, zo doen we dat in Afrika niet, ik heb zojuist alles gegeven.

Toen we een piano wilden opnemen, bleek er in de studio

geen te staan. We zijn gaan rondzoeken, en alleen de Belgische ambassade bleek er een te hebben. Een oude kast, maar wel met een goede klank. Dus gingen we met al onze microfoons naar de ambassade en namen daar de pianopartij op, en later terug in de studio de vocalen van Luc. Meestal waren die opnamen 's avonds. Overdag lagen de bandleden aan het strand. Als ik Luc nodig had en hij moest in de studio zijn, dan was hij er altijd. Maar echt als zijn natuurlijke omgeving voelde de studio nooit. De plaat is met veel improvisatie tot stand gekomen. Als we hoorden dat een paar dorpen verderop een goede trompettist woonde, betaalden we zijn treinticket naar de studio. Meestal ging dat goed. Soms kwam iemand inderdaad om zeven uur, maar dan wel een dag later. Of bleken ze helemaal niet zo goed, namen we maar in ieder spoor een soort solo op en plakten dat zo aan elkaar dat het toch ergens op leek. Het ging allemaal heel geïmproviseerd.'

'Geïmproviseerd' was soms nog een understatement, zegt opnameleider Javier Puertas: 'Luc zei een keer tijdens de opnamen dat hij stemmen hoorde. In zijn koptelefoon. Wij hoorden niks, maar Luc bleef volhouden dat hij mannen hoorde praten. Uiteindelijk opende ik de deur van de studio en stonden er vier mannen voor het pand. Werkmannen, die de airco aan het vervangen waren. Ik vroeg wanneer ze klaar waren, zodat we weer konden opnemen. Waarschijnlijk over een uur, zeiden ze. Maar misschien twee uur. En heel misschien pas morgen.'

De nieuwe toetsenist, Luc Heyvaerts, hoorde bij thuiskomst van bassist Erik allemaal enthousiaste verhalen over feesten waar de leden van Gorki de enige blanken waren. In tegenstelling tot Luc durfde Erik dan ook overal in Dakar rond te lopen. Vanholme: 'Die bassist was belangrijk, want die zorgde voor de sfeer. Hij trok zich nergens iets van aan. Dat was al meteen aan hem te zien:

hij had lang, groen haar. De mensen die hij tegenkwam in de nachtclubs vonden het leuk dat hij zo los was. En die waardering was duidelijk wederzijds.'

Van drummer Steven Van Havere hoorde Heyvaerts die enthousiaste verhalen zeker níét. Die had al in de taxi onderweg van het vliegveld naar de studio aan de taxichauffeur gevraagd waar hier ergens een McDonald's lag. Erik: 'Toen hij hoorde dat ze die hier niet hadden, heeft hij drie dagen geleefd op de Snickers en Marsen die hij bij zich had.'

Gelukkig bleek er bij de kazerne van het vreemdelingenlegioen een pizzakraam waar hij elke dag pizza kon gaan eten.

Van Luc kreeg Heyvaerts al helemaal geen enthousiaste verhalen te horen. Die had op het strand gelopen, iemand horen zeggen '*Attention, un oursin!*', zich afgevraagd wat dat ook alweer was, een oursin, en precies toen hij het weer wist, zat de zeeegel al in zijn voet. Bovendien, zei Luc steeds opnieuw: het was daar écht Afrika. En dat bedoelde hij niet als aanbeveling. 'Luc in Afrika: wat een slecht idee,' zegt Patrick Riguelle. 'De bange blanke man bij uitstek, op het zwarte continent. Ik denk dat hij vanwege die reis *Hij leeft* ook zo'n verschrikkelijke plaat vond. Want dat ís het niet.'

Heyvaerts had ook al een vermoeden gehad dat de rocknummers op *Hij leeft* niet erg rockend zouden klinken toen hij hoorde dat de gitaarversterkers niet mee hoefden, onder het motto 'Laat uw grasmachine maar thuis'. Het resultaat was nog erger dan hij vreesde: 'Toen Noelle me in zijn auto de plaat liet horen, vroeg ik hem of ze in Afrika nieuwe demo's hadden opgenomen. Maar dat was dus de plaat al. De rocknummers klonken nergens naar.'

Hadden ze Luc niet beter een paar weken in Afrika kunnen laten rondlummelen voor een goed persverhaal, vroeg Heyvaerts zich af, en vervolgens de plaat gewoon in België kunnen opnemen? Een deel van de rocknummers op het album werd uiteindelijk toch opnieuw in België gemixt, om ze nog zo veel mogelijk rockgevoel te geven.

In interviews deed Luc precies wat er van hem werd verwacht: vertellen hoe fijn het daarginder was geweest. Fijn land ook! Fijne mensen, cultuur, alles. Inspirerend zelfs. Hij had zich er als een vis in het water gevoeld.

Iedereen die Luc een beetje kende, lachte zich rot. Lucs culturele, culinaire en historische interesse was groot, enorm zelfs, maar strekte zich niet tot veel verder dan het Westen uit, en al helemaal niet tot in Afrika.

Producer Vanholme zag nog één liveshow van de *Hij leeft*-tour, met de nummers die ze samen hadden opgenomen. 'Een storm van lawaai. Je kon hem amper verstaan. Ik kon me daar niet in terugvinden. Dat contrast tussen zijn gevoeligheid en dat brutale van die groep was enorm. Zeer eigenaardig.'

***

Als de opnamen niet zo moeizaam zouden zijn verlopen, zou het volgende Gorki-album *Monstertje* dan ook al snel na *Hij leeft* zijn verschenen. *Monstertje* was een zeer rijke plaat: soms donker in toon en tekst ('Er is licht aan het eind van de tunnel, maar dat zijn de lampen van de trein die eraan komt'), veel harder dan *Hij leeft*, minder akoestisch, met prachtige strijkarrangementen. De tekst van 'Molly' ('Molly, toen je me pijpte was ik eigenlijk niet gelukkig') was vintage De Vos, net als de anti-Vlaams Blok-boodschap in 'Leve de lente': 'Weg met de winter, leve de lente.' Luc Heyvaerts: 'Een fantastisch nummer. De tekst komt letterlijk van een spandoek dat Luc zag bij een demonstratie tegen het Vlaams Blok.'

Lucs stem klonk rauw, rauwer dan op welke Gorki-plaat dan ook. Een lange plaat was het ook, ronduit té lang (Heyvaerts: 'Het motto "less is more" was nog niet tot ons doorgedrongen'), in een periode waarin menige band leek te denken dat de ruim zeventig minuten die op een cd pasten ook gevuld moesten worden.

Zowel Luc als Noelle vonden jaren later – en vele albums verder – *Monstertje* nog steeds de beste plaat die Gorki ooit had gemaakt. Noelle: 'Al is het tegelijkertijd ook de slechtst verkochte.'

Producer Jo Bogaert vond Luc de beste Vlaamse tekstschrijver van zijn generatie, als hij niet al de beste aller tijden was. Die tekst over Billy die lag te slapen in het bed van zijn vader: bij het openingsnummer van *Monstertje* was Bogaert al getroffen. Daar kwam Louis Paul Boon de popmuziek binnen, en Herman Brusselmans met hem. Fascinerend vond Bogaert ook Lucs nog steeds klassiek boerse smaak, alleen al in culinair opzicht: stoofvlees met friet, en een pintje.

Een instinctieve artiest, dat was het oordeel van Bogaert over Luc. 'Een zeer aimabele man ook, en tegelijk heel ontoegankelijk.'

Hij hoorde een diepe melancholie in zowel Lucs teksten, in zijn stem, als in zijn licht klagerige zanglijnen, zonder dat die meteen droevig stemden. Tegelijk was Luc een artiest die in principe altijd dezelfde vierakkoordenstructuur speelde. Zeer herkenbaar, maar ook zeer beperkt.

Bogaert en Luc waren elkaar goedgezind, maar vrienden zouden ze nooit worden, al zouden ze elkaar jaren later nog treffen toen Bogaert in 2010 een boek schreef over *De aanbidding van het Lam Gods*, het beroemde vijftiende-eeuwse veelluik van de gebroeders Van Eyck, en Luc hem in een boekhandel enthousiast kwam vertellen dat hij het boek niet alleen had gelezen, maar ook had begrepen.

Alleen al Lucs teksten konden een nummer drie minuten interessant houden, vond Bogaert, maar liever toch zou hij meer avontuur in de nummers terugvinden.

Bovendien had zowel platenmaatschappij Virgin als Noelle bedacht dat het een spannende mix zou worden, die van Gorki en Jo Bogaert, de man die een roemrucht verleden in de wave en de new beat had, een diepe liefde koesterde voor oude blues, maar vooral miljonair was geworden door het schrijven van de wereldhits van Technotronic. De mannen van 'Pump Up the Jam' en 'Mia' samen in de studio: dat moest wel iets interessants opleveren.

Maar Luc was precies op dat moment helemaal omver geblazen door de nieuwe plaat van de Smashing Pumpkins, het dubbelalbum *Mellon Collie and the Infinite Sadness*. 'Die plaat vond hij de bom,' zegt Bogaert.

Noelle: 'We hadden dat idee over de clash tussen de man achter Technotronic en de rocker die eigenlijk een halve punker was, maar Luc vertelde Jo dat die plaat van de Smashing Pumpkins zijn lievelingsplaat was. Jo vroeg of Luc soms eigenlijk zo'n plaat wilde maken, Luc zei ja en Jo zei oké.'

Bogaert: 'Ik zag nu ook niet direct de zin van Gorki goes techno.'

Recht voor zijn raap, een harde Vlaamse rockplaat, dat wilde Luc. De nadrukkelijke instructie van Firmin Michiels was: geen Vlaamse rockplaat.

Het moest bovendien voor het eerst echt een groepsalbum worden, hadden Noelle en Luc Bogaert zeer duidelijk gemaakt. Maar ja, het gros van de ideeën bleek van Luc te komen en niet van een groep.

Bogaert: 'Als ik over Gorki spreek, bedoel ik altijd Luc De Vos. Maar ik denk dat hij zelf Gorki beschouwde als een band.' Bogaert had, kortom, het gevoel dat hij met nogal wat tegenstrijdige instructies aan het werk werd gezet.

Op 29 april 1995 kreeg Luc een brief uit Aalst. Jo Bogaert had de nieuwe demo voor het album gekregen, en erg enthousiast was hij niet. Ook niet over sommige teksten. Over 'Molly': 'De tekst is veranderd en wordt nonsensikaal.'

Bogaert schreef Luc: 'Ik moet tot mijn spijt zeggen dat ik de vorige demo beter vond. Daar zat een soort spontaniteit in die mij aanstaat. De huidige stand van zaken: het is nog wat vroeg om te beginnen aan opnames. Kijk, er zijn twee mogelijkheden bij een productie: een groep heeft zoveel nummers en ideeën dat een producer daarin moet selecteren, dingen eruit smijten. Dat is gemakkelijk en plezierig. Er is een zee aan materiaal en je hebt maar te elimineren. De andere mogelijkheid is schaarste. Blote nummers, zonder begin of einde, onaf. Waarbij een producer dingen moet inbrengen om de zaak te stofferen. Dat is het geval met deze demo op dit moment. Ik geloof dat het ook zo was voor de twee vorige cd's. Ik kende enkel de singles tot nog toe en ik begrijp nu waarom dat de singles zijn. De eerste cd was ook merkelijk beter dan de tweede. Ik veronderstel dat het plezant was in Senegal, maar daarmee heb je nog geen goeie cd. Zoals de dingen er nu voor staan kan je enkel de geschiedenis herhalen: je kan het wat harder maken, wat wilder, wat dit of dat, maar het gaat plakwerk worden. Ik wil wel graag je plaat produceren, maar ik wil er niet aan beginnen in dit stadium. Ik wil een zee aan mogelijkheden en ideeën horen.'

Ook moest Luc het initiatief zelf nemen, vond Bogaert, en niet wachten op input van zijn band: 'Ik denk dat je beter alleen componeert en demo's maakt. Ook moet je een echte gitaar en een echte versterker kopen. Je hebt geen sound. Het spijt mij dat ik zo in mineur ben met mijn opmerkingen. Ik hoop dat je daar tegen kan.'

Toen ze na nogal wat werk aan de nummers uiteindelijk toch begonnen met de opnamen, vond Bogaert dat Luc zijn stem te veel forceerde. Noelle schakelde Patrick Riguelle in om Luc vocaal te coachen.

Riguelle was bij beide voorgaande albums betrokken geweest en vooral een groot liefhebber van Lucs muziek. Hij had ooit tegen Noelle gezegd dat hij op elk verzoek van Gorki ja zou zeggen, in de wetenschap dat Noelle daar dankbaar en veelvuldig gebruik van zou maken. Dat Luc momenteel in een Smashing Pumpkins-fase zat, een band met een zanger die volgens Riguelle een onuitstaanbaar stemgeluid had, deed daar niets aan af.

De volledige wereld, ook die van Luc, raakte op dat moment in de ban van de naderende millenniumwisseling. Riguelle zag in Lucs teksten en karakter een grote overeenkomst met de tijd van Oscar Wilde aan het eind van de vorige eeuw: die onmin met de wereld, die teksten op de rand van misantropie, die verliefdheid op de mensen, maar niet de mensheid. Zonder de mensheid er de schuld van te geven. Een mens kan er ook niks aan doen dat hij zichzelf de das omdoet – zo ongeveer lieten het wereldbeeld en daarmee de teksten van Luc zich volgens Riguelle samenvatten.

Riguelle had al snel in de gaten dat het niet soepel ging met de opnamen. Patrick wist dat Luc lui van aard was, en dat er een specifieke manier bestond om hem te laten werken. Die manier was niet de harde, ondiplomatieke hand van Wouter Van Belle, maar ook niet de wat gereserveerde manier van Bogaert, die veel ervaring had in de studio, maar niet als producer van bands.

Patrick beschouwde het juist als zijn taak Luc zo op zijn gemak te stellen dat hij zin had om te zingen en zich zeker voelde over zijn vocalen. Patrick hield van Lucs stem. 'Hij kon wat Brian Wilson ook kan: als hij een hoge noot neemt, op het punt staan in schreien uit te barsten. *To whine*. Alleen kon Luc dat niet manipuleren, ik moest het hem aanwijzen, of het zelfs oproepen.'

Omdat ze ook bevriend waren, vertrouwde Luc Riguelle genoeg om op afroep in de emoties te duiken die Patrick hem vroeg op te zoeken, om zo geloofwaardig mogelijk de zinnen te zingen waar die emoties uit spraken. Het betekende soms dat Luc letterlijk alleen nog maar in zijn grote witte onderbroek in de studio stond te zingen.

Luc Heyvaerts: 'Van Patrick nam Luc veel aan. Vanzelfsprekend is dat niet. Niet alleen moest de kritiek komen van iemand voor wie Luc voldoende respect had, maar die moest het ook nog eens plezant brengen. Wouter Van Belle was bijvoorbeeld niet de meest subtiele mens ter wereld, en niet voor niets heeft Luc daarna nooit meer met iemand gewerkt die zo autoritair was. Of die conflicten uitlokte. Als je dat probeerde bij Luc, was hij weg.'

Toen platenmaatschappij Virgin de eerste versie van het album hoorde, waren ze zeer ontevreden. Met de eerste single 'Lang zullen ze leven' waren ze heel gelukkig geweest, daarom hadden ze die snel uitgebracht, maar nu werden de mixen geweigerd.

Firmin Michiels: 'Het klonk verschrikkelijk, met nog minder goede nummers dan op *Hij leeft*.'

'Er was gekozen voor een plaat met een gitaarsound,' zegt producer Bogaert. 'Maar Wim Rogge speelde basic en ruw, met die gitarist konden ze geen Mark Knopfler-toestanden bereiken. En Luc was een goede gitarist, maar hij wilde alleen op zijn eigen gitaar werken. Ik heb hem wel vijf andere gitaren en tien andere versterkers aangeboden, maar hij speelde er niet graag op. Dus moesten we roeien met de riemen die we hadden. En had de plaat dus een garagesound.'

De band kreeg te horen dat het aan de producer lag, de producer dat het aan de band lag. Jo Bogaert was getergd, ook omdat hij voor enkele nummers gastmuzikanten had laten komen, die niet in de credits mochten worden vermeld, omdat *Monstertje* de geschiedenis in moest gaan als de eerste echte bándplaat van Gorki. Eindelijk.

Bogaert: 'Die gang van zaken irriteerde me enorm. Gorki was een *sloppy* band die een beetje rammelde, dat wist iedereen toch allang?'

Er werd iemand bij gezocht om arrangementen te schrijven. Firmin dacht aan Piet Jorens, die ook prachtige arrangementen had geschreven voor Charles et les Lulus, het nevenproject van Arno Hintjes. Dat Jorens destijds niet was komen opdagen voor de fotoshoot van de cover van dat album en dus niet op de hoes stond, droeg voor Firmin alleen maar bij aan zijn legendarische status. Jorens deed precies wat Firmin en Bogaert hoopten: hij gaf het album muzikale diepgang, in de vorm van tegenkleur voor de rocknummers. 'Hij heeft die plaat gered,' zegt Michiels vastberaden.

Het werd uiteindelijk echt een luisterplaat, oordeelde Michiels, een beetje Nick Cave-achtig zelfs. Hij had ook een vermoeden wat dat zou betekenen voor de commerciële kans ervan.

Door al het extra werk was het album pas af in januari 1996. Zowel Noordkaap als De Mens als The Scene kwam dat voorjaar met een nieuw album, dus Virgin besloot de plaat te verschuiven naar april. Dat was vijf maanden na de eerste single 'Lang zullen ze leven', waarvan het effect toen allang was uitgewerkt. Jo Bogaert: 'Dat was fataal.'

Michiels verwachtingen over de verkoop kwamen uit: *Monstertje* werd opnieuw voornamelijk goed ontvangen, maar haalde bij lange na niet het inmiddels dubbel goud van het debuut, dat maar was blijven verkopen, en ook niet de gouden status die *Hij leeft* had gehaald.

Michiels: 'Dat kón ook niet meer. Die eerste plaat was uitzonderlijk. Luc had niet het soort talent om dat te herhalen. Wat op die eerste plaat is gebeurd, is accidenteel: alle sterren stonden goed, de tijd was er rijp voor, de klank was precies juist.' Gorki was geen band die platen zou blijven maken die schreeuwden om airplay en in enorme aantallen zouden verkopen, dacht Michiels: 'Luc was daar ook de man niet naar. Hij had het talent dat hij had. Om echt verder te geraken zou hij niet alleen moeten doen wat hij zelf wilde. Maar Luc deed precies wat hij wilde doen. Hij was de nar van de koning. Hij bracht levensliederen, maar dan op een andere manier. Misschien niet met de kwaliteiten van Raymond van het Groenewoud, maar wel met zoveel charisma en zo volks dat mensen graag naar hem luisterden. Dus het was wat hem betreft goed zo.'

In de studio moest hij omringd worden door de juiste mensen, om van zijn ideeën goede nummers te maken. En al dacht Luc daar zelf anders over, Wouter Van Belle en Sylvain Vanholme waren volgens Michiels zulke mensen geweest, zoals de brede muzikale kennis van Jo Bogaert wat Michiels betreft hard nodig was geweest op *Monstertje*.

Dus ja: hij wilde door met Gorki, maar er moest wel iets gebeuren voor er een nieuw album kwam. Ze konden niet gewoon meteen door naar nummer vier, met deze dalende lijn in verkoop en in aantallen bezoekers bij concerten. Het nieuwe was van Gorki af, zoveel was wel duidelijk.

Michiels had een idee: eerst een verzamel-cd, met alle hits van de drie albums, om Gorki opnieuw op de kaart te zetten. Hij had hier ervaring mee en het kon naar zijn overtuiging werken. Even het geheugen van het publiek opfrissen, dat er weer even aan herinneren hoeveel goede nummers een artiest ook alweer had.

Noelle had al een vermoeden wat Luc ervan zou vinden, en dat bleek te kloppen. Luc vond het helemaal niks. Sowieso een verzamelalbum niet, en zeker niet nu al, na pas drie platen. Luc wilde door, hij had al veel nieuwe nummers af, die had hij Firmin Michiels nota bene voorgespeeld op zijn akoestische gitaar, nummers als 'Wie zal er voor de kinderen zorgen' (Michiels: 'Nog meer van hetzelfde'), en die wilde hij opnemen. Voor Luc was het helder: ze waren een band, en bands maken platen.

Dus nee, dit ging niet gebeuren, zei hij tegen Noelle. En dat ging hij Firmin Michiels vertellen ook. Ze reden samen naar Brussel, naar het hoofdkantoor van Virgin. Onderweg deden ze iets wat ze vaker deden: een rollenspel spelen. Deels als grap, deels serieus: het onderscheid tussen beiden zou voor een buitenstaander nooit helemaal duidelijk zijn geworden, maar gesprekken als deze voerden ze dan ook alleen als die buitenstaanders er niet bij waren.

Noelle speelde Firmin, die Luc probeerde te overtuigen van de noodzaak om eerst een verzamelalbum uit te brengen, met steeds dwingender argumenten. Luc speelde Luc op het hoofdkantoor van Virgin.

Hoe verder van Gent en hoe dichter bij Brussel, hoe resoluter Luc werd. Hij sloeg hard op het dashboard, hij schreeuwde het uit tegen de gespeelde platenbaas Noelle: een verzamelalbum, fuck it!

Ze arriveerden bij het hoofdkantoor van Virgin, wisselden even wat beleefdheden uit, en al snel nam Firmin Michiels tamelijk beslist het woord: Gorki zat in een dip en er moest iets gebeuren.

Luc zei dat hij veel nieuwe nummers had geschreven en graag een nieuwe plaat wilde maken.

Dat kon, zei Firmin. Zonder meer. Sterker: hij kon er alvast aan beginnen. Hij mocht heel rustig aan doen. Want eerst moest er een verzamelalbum komen. Dat had bij andere artiesten ook gewerkt.

Luc wierp tegen dat die vast niet pas drie albums hadden uitgebracht.

Firmin zei dat Luc hem in dezen moest vertrouwen: dat kon echt prima.

Luc vroeg nogmaals of hij dan wel echt ook een nieuwe plaat kon maken.

Firmin herhaalde: jazeker.

En Firmin vond dat echt een goed idee, zo'n *Best of*?

Ja.

Ah ja, zei Luc. Oké. Firmin zou wel weten wat er moest gebeuren.

In zijn stoel keek Noelle sprakeloos naar zijn artiest en de platenbaas, die zojuist hadden besloten dat er een verzamelalbum zou komen.

Luc en Noelle liepen het Virgin-kantoor uit, terug naar de auto. Toen Luc was ingestapt vroeg Noelle wat eraan scheelde. Luc had nog geen uur geleden zo ongeveer zijn dashboard kapotgeslagen uit weigering akkoord te gaan met het idee waarmee hij zojuist akkoord was gegaan.

Luc haalde zijn schouders op en zei dat Firmin dit toch morgen zou zijn vergeten.

Noelle zei dat Firmin op dit moment waarschijnlijk al de hoes voor dat album aan het zoeken was.

Luc zei niks.

Noelle vroeg voor de zekerheid of hij nu wel of niet die verzamel-cd wilde.

Nee, natuurlijk niet.

De dag erna moest Noelle alsnog bellen naar Firmin, en opnieuw naar Brussel rijden, deze keer in zijn eentje.

Er kwam geen nieuwe Gorki-plaat uit bij Virgin. Die kwam uit bij Sony. Firmin: 'Een verschrikkelijke plaat was dat.'

Een aantal jaren later kwam er wel alsnog een verzamelalbum uit bij Virgin, waarvan er uiteindelijk meer werden verkocht dan van het debuut.

Mijn brein is vol van deze nieuwe tijd
Ik ben zo dankbaar dat ik hier mag zijn
In deze nieuwe tijd van overvloed
De auto's worden mooier
En sneller dan wij droomden
Ze rijden hier voorbij
Op weg naar de toekomst
En de meisjes worden blonder
En slimmer dan ooit

Gorki – 'Red mijn ziel vooral' (van het album *Eindelijk vakantie!*)

In 2000 stond Luc De Vos op de top van de wereld. En op het podium van Rock Werchter, maar dat kwam eigenlijk op hetzelfde neer.

Hij kwam al jaren op dit festival als bezoeker, en nu stond hij er eindelijk zelf met zijn band, aangekondigd door Luc Janssen als: 'De bastaardzoon van God; Jesus Christ Superstar uit Wippelgem en zijn bende: Gorki!' De Marquee-tent was bomvol, al ver voor aanvang, en zong niet alleen openingsnummer 'Anja' mee en 'Mia' natuurlijk, maar alle tien de nummers die de band in het uur wist te proppen. De bandleden, de platenmaatschappij, Noelle: iedereen was euforisch na het optreden. Sandra stond in de tent en barstte in huilen uit toen ze haar man zo intens blij op dat podium zag staan. Lachend: 'Ik was wel zwanger op dat moment, dus misschien was dat een verzachtende omstandigheid. Maar van dat uur op Werchter heeft Luc genoeg energie gekregen voor de hele zomer, en voor een nieuwe plaat.'

2000 was ook het jaar waarin Luc meezong op het nummer 'Ex-liefdadigheid' van hiphoppers ABN, waarin zijn nummer 'Wij houden stand' op het nieuwe album van Jan De Wilde terechtkwam, waarin hij op de twintigste sterfdag van John Lennon op Studio Brussel diens 'Across the Universe' coverde.

Het was het jaar waarin hij een contract bij een uitgever kreeg, en niet zomaar een, maar bij het Nederlandse Atlas, gezeteld in de grachtengordel van Amsterdam. In datzelfde Nederland was dat jaar een volledige uitzending van het hoog aangeschreven VPRO-muziekprogramma *Lola da Musica* aan hem gewijd, en stond Gorki's laatste album *Eindelijk vakantie!* in de Moordlijst: de favoriete platen van muziekcritici.

Hij verwachtte zijn eerste kind. Met Sandra uiteraard, inmiddels zijn vrouw, na een bruiloft op 30 oktober 1998, aangekondigd als het huwelijk van 'Jongeheer Luc De Vos' met 'Mejuffer Sandra Heylen'. Een plechtigheid in Wippelgem en een feest in de Vooruit met 250 genodigden, en volgens Lucs broer Erik wel 500 kilo friet en 500 kilo stoverij. En dat in aanwezigheid van hun moeder, die een traantje had weggepinkt. En die een kammetje bij zich had gestoken om even Lucs haren te kammen. Op zijn eigen bruiloft mocht hij er voor één keer wel netjes bij lopen.

En 2000 was het jaar waarin hij definitief werd ontdekt als televisiepersoonlijkheid. Lucs bijdragen aan het VRT-programma *Aan tafel* waren populair. Nadat hij aan tafel als studiogast naast fotomodel Véronique De Kock zat, een poster van haar in badpak kreeg te zien met de vraag wat hij ervan vond en antwoordde dat hij er een 'enorme erectie' van kreeg, mocht hij als een razende reporter in de rubriek 'De Vos en zijn Passie' naar onder meer de Night of the Proms. Hij introduceerde zichzelf bij buitenlanders altijd als een ster uit België. Hadden die artiesten enige zelfspot, zoals Meat Loaf, dan was het vermakelijk om te zien hoe dat mannetje uit België uitlegde dat 'Paradise by the Dashboard Light' te langzaam was, en Meat Loaf voordeed hoe het had moeten klinken. Of hoe Luc in het geval van Victoria Beckham haar complimenteerde met het feit dat ze er in het echt beter uitzag dan op televisie, om daaraan toe te voegen: 'Maar helaas is dit tv.'

Had een artiest die zelfspot níét, zoals Marco Borsato, dan was het even vermakelijk om te zien hoe die met enige verbijstering keek naar Luc die hem zijn eigen hit voorspeelde zoals het had moeten klinken: als een punknummer.

Als érgens duidelijk werd dat Luc overal mee wegkwam, was het in dit programma. Aan David Bowie stelde hij zich voor als 'zelf ook een beroemde rockster', waarop die lachend antwoordde: 'Ik heb met je te doen.' Antwerpen introduceerde hij standaard als 'stad van verderf'.

Eigenlijk deed hij waar hij in excelleerde: Luc De Vos zijn. Onmiddellijk ruimte opeisen en die tegelijk afbakenen door zichzelf neer te zetten als een uitvergrote versie van zichzelf. Hij stelde soms vragen die bloedserieus waren, maar door Luc werden gesteld in zulke vervreemdende omstandigheden of aan zulke niet voor de hand liggende mensen, dat ze opeens hilarisch werden.

Weinig andere mensen zouden dat kunnen, aan een man die in een berenpak kinderen in een winkelcentrum moet vermaken, vragen: 'Meneer, wat is voor u de kern der dingen?' Of aan de burgemeester van Kortrijk, vlak voor een optreden van K3 op het grote plein van zijn gemeente: 'Iedereen is gelukkig. Ik wou dat ik zelf ook soms gelukkig was. En u?' Wat altijd hielp was zijn lach. De lach van Luc was de lach van de ontwapening. De lach van een jongetje dat zojuist iets had gezegd dat hij eigenlijk niet durfde. Nooit triomfantelijk na een slimme opmerking, altijd met een guitigheid die weinig mannen na hun kinderjaren nog weten te behouden. Zijn verstrooidheid, het soms ronduit stamelende zoeken naar woorden, hoe gecultiveerd en aangezet ook, bleek innemend.

Luc, die zichzelf ooit omschreef als 'kleine zelfstandige binnen het amusementsgebeuren die een dagelijks gevecht levert om het hoofd boven water te houden', hield het hoofd ver boven water. Zijn aanwezigheid op televisie vergrootte zijn bekendheid enorm, wat de band ook merkte aan de opkomst bij optredens. Zelfs in een vergrijsde stad als Oostende zat het theater nu helemaal vol. Luc Heyvaerts: 'Twee van de oudste bezoekers op het hoogste balkon hadden duidelijk iets anders verwacht. Ze liepen halverwege naar beneden, naar de uitgang. Luc ging met ze in gesprek. Omdat ze nogal langzaam liepen, duurde dat gesprek heel lang. Toen ze eenmaal beneden waren, waren zij zelf niet van gedachten veranderd, maar had Luc wel de hele zaal ingepakt.'

Gorki had binnen enkele jaren dan ook twee uitstekende albums achter elkaar gemaakt: *Ik ben aanwezig* en *Eindelijk vakantie!*. Dat eerste album was geproduceerd door de Nederlander Attie Bauw, met wie Luc en Noelle eerst waren gaan eten in Gent, in aanwezigheid van een afvaardiging van Gorki's nieuwe platenmaatschappij Columbia en Bauws vrouw Mary. Luc kwam naast haar zitten, tot haar verbazing. Alle artiesten die ze ooit had ontmoet, gingen altijd bij haar man, de producer, of bij hun platenbaas zitten. Het was een restaurant waar Luc duidelijk vaker was geweest en waar hij graag kwam. Hij raadde haar een gerecht met garnalen aan, dat was hier de specialiteit. Mary: 'Dus ik bestel dat, en hij bestelt vervolgens tot mijn verbazing iets anders. De gerechten worden geserveerd, hij leunt voorover en begint met zijn vork in mijn bord te prikken en zegt: "Dit is zó lekker!" Ik vroeg waarom hij dan zelf iets anders had besteld. Hij zei: "Dit vind ik óók zo lekker."'

Luc zei tegen Attie Bauw dat hij een hárde plaat wilde maken. Bauw ging kijken naar een optreden van Gorki, en had er gemengde gevoelens over. 'Goede, lekker *sloppy* liveband, maar Lucs teksten gingen behoorlijk verloren in die geluidsmuur.'

Attie stelde voor dat hij Luc en zijn teksten, die hem soms deden denken aan de verhalen van Carmiggelt, centraal zou stellen, en zijn opnamemethode daaromheen zou organiseren.

Bovendien waren Luc en Attie allebei danig onder de indruk van het zojuist verschenen nieuwe album van Radiohead, *OK Computer*. Dat was tot stand gekomen op een manier die Attie ook voor ogen stond: niet met de hele band op hetzelfde moment in één ruimte, maar laagje voor laagje het album opbouwen. Bassist Erik kon gewoon thuis in zijn eigen studio de baspartijen inspelen, met drummer Steven ging hij in Wisseloord zitten, waar hij hem liet improviseren op door Attie in stukken geknipte demo's. Kortom: *Ik ben aanwezig* werd verre van een groepsalbum, het was Attie Bauws interpretatie van het werk van Luc De Vos. 'Het gaat om *the big picture*, en die wordt vaak uit het oog verloren als een hele band zich ermee bemoeit en iedereen bij zijn eigen partij wil dat de schuif omhooggaat.'

Het enige bandlid dat er verder nog een grote invloed op had, was Luc Heyvaerts. Die verbleef net als Luc één tijd in Amsterdam, waar Attie in het chique Zuid thuis zijn studio had. De komst van Heyvaerts leidde tot algehele vreugde, en niet alleen vanwege zijn muzikale bijdrage. Bauw: 'Ongelooflijk, hoe goed die jongen kon koken. Het was alsof we een paar weken een sterrenkok in huis hadden.'

Kreeft van de Albert Cuypmarkt, steak precies zoals Lucs moeder hem maakte. Want allemaal lief bedoeld, dat eten van Mary, maar de Gorki's hadden zeer specifieke opvattingen over eten en hoe dat bereid moest worden en smaken. Niemand kon dat zo goed maken als zij zelf. Al helemaal geen inwoners van het culinaire derdewereldland Holland, waar ze het zelfs presteerden om frieten in de oven te bereiden. Dat gebeurde maar één keer, en toen vroeg Luc aan Heyvaerts, die vaak op en neer moest naar

Vlaanderen omdat hij ook nog lesgaf, of die even langs zijn huis wilde rijden om de friteuse op te halen, zodat ze frieten konden maken die ook werkelijk smaakten als frieten.

Heel wederkerig waren de culinaire lessen niet, al kregen de beide Lucs wel iets te eten dat ze nog nooit hadden gehad: sushi. Toen Mary had aangekondigd dat ze die ging halen, keek Luc met grote ogen naar Heyvaerts. Dat was toch geen mááltijd? Dat was een dessert.

'Néé,' zei Heyvaerts lachend toen Mary de kamer uit was. 'Súshi, niet soesjes.'

Luc zat veel bij Mary in de keuken tijdens de momenten waarop Attie Bauw in de bijna primitieve versie van het audiomontageprogramma Pro Tools alle zanglijnen en instrumenten knipte en plakte. 'Hij liet Attie zijn ding doen. Die apparatuur waar Attie mee werkte: daar had hij ook allemaal geen verstand van, zei hij. Iedere ochtend las hij *De Morgen*. Hij las sowieso enorm veel. Hij vertelde weleens dat hij heimwee had, en begon dan over die plaat in Senegal, hoe verschrikkelijk hij het daar vond. Iedere avond wilde hij *Upstairs Downstairs* kijken op TV10 Gold, en zette hij onze stoelen op dezelfde manier neer voor de televisie. Hij had veel vaste rituelen: hetzelfde programma op dezelfde stoel op dezelfde plek in de keuken.'

's Avonds liep hij terug naar zijn hotel, via Café Welling, waar hij soms iets dronk en soms iets meer.

Luc sliep in een hotel gerund door een Japans koppel, vlak bij het Concertgebouw. Als Heyvaerts ook in de studio was, deelden ze een kamer. 'Mary had kennelijk tegen die Japanners gezegd dat wij op tijd op moesten. Dus de eerste ochtend werden we wakker gebeld: de wake-upcall. Luc vroeg hoe laat het was. Negen uur. We moesten pas om tien uur bij Attie zijn, dus halftien was vroeg genoeg. Om kwart over negen belden ze weer. In het allerplatste Wippelgems zei Luc dat ze ons gerust moesten laten. We stonden op en vertrokken dan meteen naar Attie, maar ook dat bleek niet de bedoeling. Begon die Japanse weer: "*No, you eat breakfast!*" Die cafés daar in Amsterdam gingen al heel vroeg dicht, om twaalf uur of zo. Dus wilden wij nog een uurtje tv-kijken op onze kamer. Luc ging naar beneden om een tv op onze kamer te vragen. Weer discussie: "*No, you go to sleep, you work tomorrow.*" Mannekes mannekes, zót werden we daar.'

Ik heb een keer een maand of drie in Amsterdam gezeten om een plaat op te nemen, en ik was op den duur helemaal zot geraasd. Om het kwartier kwamen ze vragen of ik nog een koekje of een kopje thee lustte en of ik niet eenzaam was. En ik ben sowieso niet zulk een thee-en-koekjesmens. Jongens, hoe verheugd ik niet was toen ik na die drie bittere maanden opnieuw naar huis mocht, want moeder had visjes gebakken en de schuimende bierpul stond reeds klaar.

(Uit: 'Oranje Boven', opgenomen in *Het werk van de duivel*)

Wat Bauw voor ogen stond was een filmisch album, met een bijna kafkaiaanse sfeer. 'Ik vond met name live zijn teksten en sfeer niet helemaal passen bij wat de band deed. Nuances gingen vaak verloren, terwijl ik die juist wilde benadrukken. Ik wilde ruimte laten, soms een streep onder een woord zetten, delen van teksten uitvergroten.'

Een tekst als 'Wij slapen aan de lopende band', over de werknemers van een fabriek in opblaaspoppen die het moeilijk heeft omdat mensen tegenwoordig behoefte hebben aan vrouwen van vlees en bloed, die moest zich volgens Bauw laten beluisteren als een vervreemdende sciencefictionfilm. Het zou een zeer avontuurlijke plaat worden, hield hij Luc voor, een soms onheilspellend en bij vlagen ronduit ontoegankelijk decor bij zijn woorden.

Tot grote vreugde van Bauw ondersteunde Luc zijn zoektocht naar zo vervreemdend mogelijke geluiden op zijn gitaar, naar het abstract en ronduit onherkenbaar maken van instrumenten. 'We gingen op avontuur en Luc ging er volledig in mee. Hij zat me alleen maar aan te moedigen. Er waren geen grenzen, alles mocht ik uitproberen, ik mocht me volledig uitleven. Ik bewonder hem nog steeds voor het feit dat hij dat aandurfde. Ook omdat ik die mate van avontuur daarna nooit meer heb teruggehoord bij Gorki. Omdat hij niet op deze weg is doorgegaan, weet ik niet of het hem uiteindelijk is bevallen. Misschien was die zucht naar avontuur een fase waar hij alleen in die tijd in zat.'

Dat Luc de neiging had wat monotoon te zingen, deerde niet: rond die stem bouwde Attie Bauw vele muzikale variaties. 'Ik nam dat voor lief. Het laatste wat ik wilde was dat zijn performance zou lijden onder een angst om op een bepaalde manier te zingen.'

'Punk is dood' was een pianonummer, maar een kaal pianonummer paste niet op dit album. Dus vroeg Bauw aan Heyvaerts een hoofdmelodie op een mellotron te bedenken. Zo'n uitgesproken afkeer als Luc sinds het debuutalbum van de Hammond had, zo'n liefde ontwikkelde hij bij Attie Bauw voor de mellotron. Wat Luc Heyvaerts de jaren erna ook verzon aan melodieën voor nummers: als hij ze speelde op de mellotron, wist hij dat Luc al bijna automatisch verkocht was.

Ik ben aanwezig werd de spannendste plaat van Gorki, een sferisch meesterwerk, dat van de stemmige opener 'Aan de rand van de beschaving' (Heyvaerts: 'Amerikanen en Engelsen hebben de neiging te openen met de beste single, maar Luc stond op dit openingsnummer') tot het afsluitende titelnummer hetzelfde donkere, surrealistische geluid vasthoudt. Dat titelnummer was het dertiende, maar Luc wilde geen album met dertien nummers erop. Attie dacht even dat hij een grapje maakte, tot ook hij erachter kwam dat geloof en bijgeloof niet tot de onderwerpen behoorden waar Luc ironisch over was. Dus had de plaat in werkelijkheid maar 13 nummers, maar volgens de hoes 14: het verstrengelde mannetje op de hoes van het album was nummer 14. Er stonden subtiele boodschappen op: de titel 'Mijn dierbare vijand', waarvan het akkoordenschema enorm dicht tegen 'Lieve kleine piranha' aan leunt, had Luc bedacht met zijn voormalige platenbaas Firmin Michiels in het achterhoofd. Bij 'Een blinde brombeer' was dat toenmalig premier Jean-Luc Dehaene.

Hoogtepunt van de opnamen was voor Luc het moment dat Tom Barman langskwam. De grote Tom Barman, uit het grootstedelijke Antwerpen, van het geniale dEUS. Bauw: 'Dagen van tevoren had hij het er al over hoe bijzonder het was dat Barman kwam. Toen hij er uiteindelijk was, bleek die waardering wederzijds: ik zag dat Barman oog had voor de kwaliteiten van Luc.' Sandra: 'Voor Tom Barman had hij meer dan gewoon veel respect; hij keek ronduit tegen hem op. Hij was alles wat Luc had willen zijn en had alles wat Luc had willen hebben. Tom Barman was haast Lucs nieuwe Freddie Mercury.'

Samen sleutelden ze nog aan de tekst van het titelnummer, en toen zong Tom Barman voor het eerst in zijn leven in het Nederlands: de deels door hemzelf geschreven tekst van 'Ik ben aanwezig', een prachtig kabbelend, dromerig nummer, met een terugkerende vervormde xylofoon die klonk als regendruppels in een meer. Tom Barman speelde ook gitaar, maar één snaar brak, zodat er in de credits sprake was van een door Barman bespeelde 'II-string'. Luc Heyvaerts: 'Ik hoorde de dag erna het resultaat en was helemaal van de kaart, zo goed vond ik het.'

Knack noemde het de beste cd van Gorki tot nu toe. De recensie in *Humo* daarentegen was ronduit denigrerend, en werd uitgerekend nu door extreem veel mensen gelezen: hij stond in het extra grote drieduizendste nummer. Het blad vond de single 'Wie zal er voor de kinderen zorgen' 'briljant' en 'de beste Gorki sinds "Mia"'. Maar de cd niet: 'Iemand heeft deze plaat "breed" geproduceerd op z'n OK-computers: het moet zo'n gast van veertig met een staartje zijn die aan de toog zegt dat Daft Punk en Mo Wax-triphop zo simpel is gemaakt dat hij dat ook kan. Hij heeft zijn weinig overtuigende bewijzen nu in de winkel liggen in de vorm van zijn bloedeigen OK-typmachien. Proficiat!'

De grap was dat die gemakkelijke vergelijking al op de plaat zelf stond. Letterlijk. In 'Vaarwel lieveling' zit een valse noot, waarna Luc in de rechterspeaker zegt: 'OK Computer.' Luc Heyvaerts vond de recensie pijnlijk: 'Het was wel degelijk een inventieve plaat. Inventief op zijn Gorki's. Sowieso klinken onze platen altijd anders, op Lucs stem na. Luc klinkt altijd hetzelfde, maar het is dan ook op alle platen dezelfde zanger. In die *Humo*-recensie stond ook een opmerking over de teksten, die weer over dat jongetje van zestien gingen. Dat klopte. Het was dan ook het spook dat in zijn kop zat. "Ooit was ik een soldaat" is heel grappig, maar ook intens droevig: de hele week overleven op peperkoek, en dan maar hopen dat je moeder op vrijdag kip heeft gebakken. Hij vertelde niet veel over die diensttijd, maar het kwam altijd terug in details. Luc kon er bijvoorbeeld niet tegen als het ergens te koud was. "Te warm bestaat niet," zei hij dan, en dan ging de verwarming helemaal open. Daar ging "In de sneeuw stond ik op wacht, ik dacht aan de kantine" over. Als je in de winter bij Luc thuis kwam, was het daar vijfentwintig graden. In iedere kleedkamer liep hij meteen naar de verwarming, al stond die al aan. Zoals dat eeuwige gedoe van hem over lekker eten natuurlijk een reactie op het internaat was, in die tijd echt de vergeetput van Vlaanderen. En ook dat werd later een tekst: "Donkere stille gangen".' Precies daarom irriteerde de kritiek dat hij zich herhaalde Heyvaerts zo: 'Luc zong over wat relevant voor hem was. En dit bleef zijn hele leven relevant. Zijn teksten waren zijn verwerkingsproces, ik denk alleen dat hij veel gebeurtenissen nooit heeft verwerkt. Dus bleef hij erover schrijven.'

Bij het album erna bleef Gorki een grote nadruk leggen op elektronica, en opnieuw lag die keuze al besloten in die voor de producer: Frank Duchêne, bekend van het succesvolle Hooverphonic. Omdat de band op beide Lucs na vrijwel niets had kunnen bijdragen aan *Ik ben aanwezig*, kreeg Duchêne van Noelle dezelfde instructie mee als jaren voor hem Jo Bogaert: dit moest een groepsplaat worden.

Wat Noelle er niet bij had verteld: er was geen volledige groep meer. Drummer Steven Van Havere vertrok naar Arid, de band waarvan Noelle eveneens manager was, en die internationaal leek door te breken.

Duchêne besloot aan de slag te gaan met demo's en te werken met loops voor de drums. Het was hem nog niet helder hoe deze band zijn rol precies zag; hoeveel er van hem werd verlangd. Toen hij de eerste cassette met demo's van Luc in zijn bus vond, maakte het begeleidend handgeschreven briefje hem alles duidelijk:

Beste Frank,

Maandagavond ben ik na de repetitie in slaap gevallen. Pas om 11:30 wakker geworden. Duizendmaal sorry. (Doch) Zie hier de cassette. Wil je mij nog eens bellen in de loop van volgende week?

Ik vind de demo nogal ouderwets klinken. De teksten zijn niet af. Sommige nummers zitten nog niet in de juiste toonaard. Ik reken op jou in verband met een aantal frisse ideeën qua arrangementen. Als je tijd hebt kom ik anders eens bij jou om er wat over te babbelen.

Tot bellens volgende week!

Jouw toegenegen,
Luc De Vos

'Dat is dus wat Luc van mij verwachtte: het aankleden van het geraamte, toen dat er eenmaal was.' Luc was een man met veel voorlopers van ideeën, leerde hij al snel: ideetjes. 'Hij had een *crappy* akoestische gitaar, en dat was het dan ook. Het leek me een goed idee als hij een wat beter palet aan gitaren tot zijn beschikking had, dus ik had bij Sony bedongen dat er geld vrijkwam voor een degelijke akoestische gitaar. De importeur van Simon & Patrick heeft toen enkele gitaren beschikbaar gesteld waar Luc uit mocht kiezen. Die gitaar heb ik daarna alleen bij hem thuis gezien: nooit heb ik hem er op een podium op zien spelen.'

Lucs elektrische gitaar vond Duchêne al even wonderlijk: een Fender Stratocaster, waarop een systeem zat waardoor de gitaar niet snel ontstemde, maar dat ook veel expressie wegnam. Er waren eigenlijk maar twee redenen denkbaar om zo'n gitaar op een dergelijke manier te gebruiken: uit luiheid of uit een liefde voor metal, het genre waarin dit soort ook vaak werd gebruikt.

In het geval van Luc kon het heel goed beide zijn.

Uitgesproken weigerachtig was Luc als het ging om effecten op zijn stem. Subtiel, om bepaalde emoties te benadrukken: dan was hij akkoord. Maar was het om imperfecties te verbloemen, dan niet.

Ze namen 'In mijn betere wereld' opnieuw op, dat al door Attie Bauw was opgenomen voor *Ik ben aanwezig*, maar niet op het album was beland. Duchêne maakte er een fraai plechtig nummer van, vroeg de gebroeders Lenski (Die Anarchistische Abendunterhaltung) op cello en viool, en Luc haalde de woorden 'in mijn dwaze dromen' uit de tekst en veranderde ze in 'in mijn betere wereld'.

Duchêne: 'Een van mijn favorieten is "Bij nacht en ontij", omdat er werkelijk hoop en troost in zit, en dat is ontzettend moeilijk.' David Dewaele (Soulwax) overtrof zichzelf met een werkelijk episch scheurende gitaarsolo in 'Geld en olie'. Luc Heyvaerts: 'Die solo is echt niet normaal. Ik denk dat dat een van de beste gitaarsolo's is die die gast ooit heeft gespeeld. En dat zeg ik als iemand die vindt dat Soulwax al veel fantastische solo's heeft.'

Luc stelde voor om 'Ode an die Freude' van Friedrich von Schiller op te nemen, beroemd geworden uit de koorfinale van de Negende Symfonie van Beethoven en inmiddels ook het officiële volkslied van de Europese Unie. In het Duits, daar stond Luc op. Duchêne en Luc besloten het op te nemen als het tegendeel van de wereldberoemde versie: 'Het moest klein worden, vond Luc, en crapuleus in klank, dus eigenlijk in alles het tegenovergestelde van wat het normaal is.'

Een hárde plaat moest dit worden, had Luc ook tegen Frank Duchêne gezegd. 'Ik ben geen echt rockmens, dat wist Luc en dat was geen probleem voor hem. In mijn beleving kon "hard" slaan op de sound, maar ook op zo ongefilterd mogelijk zeggen wat je wilde zeggen. Of op openen met een nummer als dit.' En dan afsluiten met het door bassist Erik geschreven, instrumentale 'Destroy'.

Platenmaatschappij Sony was niet erg enthousiast over dat eerste idee, maar ging toch akkoord. Datzelfde gold voor de albumhoes, getekend en ontworpen door Bent Van Looy van Das Pop, waarop zowel de band als de albumtitel ontbrak. Het werd opgelost met een stickertje.

Dit werd een plaat die Gorki live niet volledig zou kunnen brengen, dat wisten ze. Duchêne: 'Een paar keer is er een gesprek geweest over die vraag. Op dat vlak zit ik in het kamp van The Beatles. Met dit als antwoord: nee, dat zijn twee andere kunstvormen. Live gingen ze met loops werken. Dat deden ze goed. Maar ik pleit schuldig op dit vlak: dat is het nadeel van een geconstrueerde plaat. Gorki is op zijn best als Gorki, en dat is zonder loops. Je gaat ook niet aan The Rolling Stones vragen of ze met samples willen gaan werken.'

Wat Duchêne trof was de sfeer in de band. Gorki bestond uit maten, leerde hij. De drummer die hij aandroeg voor de opnamen, Eric Bosteels (ex-Hooverphonic) zou nog jaren de drummer blijven. Het leek wel een familie, vond Duchêne, maar dan zonder de drama's.

Toen het album verscheen, maande Duchêne Luc iets vaker aan in interviews de naam van de producer te laten vallen. Luc zegde mompelend toe dat te zullen doen, en deed het vervolgens toch niet. Duchêne schaamde zich later voor dat verzoek, zoals hij werken met Luc in meerdere opzichten als invloedrijk op zijn karakter beschouwde. Duchêne, met zijn lang verleden in de elektronische muziek, was gewend geraakt aan een omgeving met grote, om niet te zeggen enorme ego's. Hij was er zelf in meegegaan, was gaan geloven dat een ego noodzakelijk is voor ambitie en drive. 'Op emotioneel vlak zit een ego je altijd in de weg. Luc had daar geen last van. Die kameraadschappelijke Gorki-leefwereld zou ook onmogelijk zijn geweest met een grotere dosis ego. Wat ik toen nog niet naar waarde kon schatten, was de extreme bescheidenheid van Luc. Sommige mensen zullen het valse bescheidenheid noemen, maar dat was het niet. Ik heb het leren kennen als een chrístelijke vorm van bescheidenheid.'

Duchêne kende artiesten als mensen die hunkeren naar applaus, die bijna letterlijk gek worden als ze dat niet krijgen. 'Maar als Luc op straat complimenten kreeg, bedankte hij mensen voor hun vriendelijkheid. Er zat een nederigheid in zijn opvattingen over werk en leven. Alsof Luc vond dat alle mensen knoeiers waren, hijzelf ook, en dat dat ook oké was, maar nog geen reden om dan ook maar te knoeien. Ik heb van hem geleerd de bescheidenheid terug te omarmen. Het klinkt misschien overdreven, maar op menselijk vlak heeft hij me daarmee gered. Bovendien is hij een van de weinige ware intellectuelen waar ik ooit mee gewerkt heb. Hij kon extreem ingewikkelde thema's vereenvoudigen, en er dan kunst van maken, en dan ook nog pópmuziek. Niet helium blazen in niets tot het iets lijkt. De echt grote artiesten kunnen eigenlijk het precies omgekeerde. *Taking it to the streets*, in een Vlaamse variant: Luc bracht het naar jeugdhuis en Chiro-festival.'

Dat vond hij al van Lucs vroegere teksten, zoals die van 'Mia'. 'Bijvoorbeeld de zin "De middenstand regeert het land": het is niet alleen knap dat Luc van zoiets banaals poëzie maakt, maar tegelijk zegt hij ook: kijk, zo zit het leven hier bij ons in elkaar. Het is meer dan alleen zeggen "rustig maar, het komt goed", wat al vrijwel onmogelijk is om geloofwaardig te doen, maar het is ook nog eens een manier om de complexe samenleving die Vlaanderen toch is, bevattelijk te maken.'

Als Luc twijfelde over een schrijfwijze, belde hij de Taaltelefoon, waar tot Lucs grote fascinatie aan de Boudewijnlaan in Brussel ambtenaren klaarzaten om taalkundige vragen te beantwoorden. Sandra: 'Soms voerde hij hele gesprekken met ze, alleen al uit enthousiasme over het feit dat die mensen er überhaupt wáren.'

Dat de teksten van *Eindelijk vakantie!* tot op het eind geregeld veranderden, kwam doordat Luc tijdens de opnamen in de studio *Elementaire deeltjes* van Michel Houellebecq zat te lezen, en dat veranderde zijn visie op sommige teksten.

Hij las Duchêne hardop voor uit de roman van Houellebecq als een passage hem bijzonder trof. Duchêne was aan mensen gewend die, wanneer ze citeerden uit een krantenartikel of boek, dat gebruiken als opstapje om het vervolgens over zichzelf te hebben. Het fascineerde hem dat Luc dat helemaal niet deed. Ze praatten veel, over muziek, over nieuwe bands die ze allebei goed vonden, zoals Arcade Fire. Over mosselen en waar Duchêne die volgens Luc moest eten en waar zeker niet. Over de populariteit van de dancecultuur, ook ten koste van rock, iets wat Luc tegelijk zorgen leek te baren als fascineerde, en waar hij op *Eindelijk vakantie!* ook over zong ('En ze nemen die pillen zonder water / Ik wou dat ik dat kon'). Over al die Vlaamse jonge bandjes waar Luc enthousiast over was. 'Hij was sowieso altijd pro-jeugd. Als er ergens maar een jeugdhuis in problemen kwam, vond hij het al verschrikkelijk. En al die jonge bandjes promootte hij waar hij maar kon. Ze mochten allemaal hun wagonnetje aan de Luc De Vos-locomotief hangen.'

Hij vertelde Duchêne over zijn eigen jeugd. 'Dat hij tot zijn zesentwintigste lui was geweest en alleen maar op de bank had gelegen. Hij gebruikte dat volgens mij om aan te geven dat hij nu wel wilde werken. Zijn werkritme was niettemin ontspannen. Dat was op zich geen probleem: ik zat te knutselen en Luc was altijd in de buurt, vaak met een boek.'

Waar Luc het ook vaak over had: zijn kind dat op komst was, en dat hem nu al vervulde met vreugde, maar ook met vele zorgen. Zijn leven zou nooit meer hetzelfde zijn, dat wist hij zeker, en hij had nog zoveel te doen, om te beginnen het veroveren van de wereld met een Engelse plaat.

Ze namen *Eindelijk vakantie!* op in Antwerpen en in Westmalle, waar de grootouders van Duchêne een buitenverblijf hadden, vlak bij de Abdij der Trappisten. De vele wegcafés in de buurt van de studio fascineerden Luc enorm. Als ze klaar zouden zijn met de opnamen, wilde hij daar een avond heen, naar zo'n groot café aan een drukke weg, met een dansvloer. Met Sandra, zelf afkomstig uit de Kempen, dus zeer bekend met wegcafés, gingen ze uiteindelijk naar dancing Toverfluit. Duchêne: 'Luc heeft daar de hele avond zitten genieten van die dansende mensen. Hij was echt het omgekeerde van snobisme.'

Duchênes vader, op late leeftijd bekeerd, had veel christelijke lectuur laten slingeren in het huis. 'Die wilde Luc graag hebben, daar was hij echt enthousiast over. Het geloof van Luc was echt een volksgeloof: het denken in termen van gemeenschap, de opvatting dat je moet délen. En tegelijk ook dat carnavaleske, dat durven zeggen: zo, en nu weer pinten. Dan ook bijna excessief. En daarna weer meteen vasten. De combinatie van gierigheid en werkelijke gulheid, gulheid vanuit een hogere visie. Ik zie dat eigenlijk nergens meer. In die zin was Luc voor mij de laatste echte Vlaamse katholiek.'

Snel na de opnamen van *Eindelijk vakantie!* werd Duchênes vader ernstig ziek. 'Op de dag van zijn begrafenis is Luc van Gent naar Westmalle gekomen, alleen om mij vijf seconden gedag te zeggen. Dat is onder artiesten niet vanzelfsprekend, kan ik je vertellen.'

Toen *Eindelijk vakantie!* verscheen, mochten de leden van de Gorki naar Zuid-Afrika, waar *Ik ben aanwezig* ook was uitgebracht. Het was al hun tweede tourtje in het land en er zouden er nog twee volgen.

Luc hield voor *De Morgen* een dagboek bij, dat hij begon met: 'Zo'n lelijk en log vliegtuig had ik nog nooit gezien.' Hij vervolgde: 'Niets kan ons echter tegenhouden. We zijn hier om Zuid-Afrika te veroveren. Wat zeg ik, veroveren? Brandschatten en leegroven, bij wijze van spreken dan.' In zijn column in stadsmagazine *09* schreef hij ook over de gesubsidieerde reis, 'allemaal op uw kosten dus', en dat hij geacht werd 'ernstige muziek te brengen en niet te veel aan het zwembad te liggen met een cocktail ter hand'. Hij voegde eraan toe: 'Ik ben sowieso niet zulk een zwembadligger. Ik ben daar veel te arbeidsplichtig voor.'

Precies dit deed hij eigenlijk de hele dag: aan het zwembad liggen. En af en toe in het zwembad rollen, volgens Patrick Riguelle, op een manier zo lomp dat hij aan een zeehond deed denken. Hij sloeg alle excursies af. Waarom urenlang in de jungle muggen en vliegen van je af meppen in de hoop olifanten te ontwaren, als je die thuis op de bank ook in een BBC-documentaire kon zien, van veel dichterbij ook, en met commentaar van David Attenborough erbij?

Lucs vliegangst onderdrukte hij met drank. Riguelle: 'We zaten een keer in een vliegtuig naar Zuid-Afrika dat niet vol zat. Ieder van ons had drie stoelen. Er werd wat gekaart, wat film gekeken. De een na de ander viel in slaap. Luc lag met een deken over zijn hoofd, en zijn knieën opgetrokken, zodat je een soort tent hebt. Maar die knieën waren inmiddels afgezakt en had hij niet opnieuw opgetrokken, ongetwijfeld uit luiheid. Ik zie ter hoogte van zijn kruis die deken op en neer bewegen. Vervolgens hoor ik gekreun, en daarna een diepe zucht en het geluid van een man die in slaap gaat vallen. Dus ik vraag: Luc, heb je nu zojuist aan uw fluit getrokken? Hij was verbaasd: "Ja, hoe weet je dat?"'

Ze speelden op al hun tours en tourtjes in Zuid-Afrika voornamelijk in zeer katholieke, zeer conservatieve en zeer preutse blanke plaatsen. Soms was er weinig volk, soms wat meer. Een show in een theater trok een paar honderd mensen. De sfeer leek dermate ontspannen dat de leden van Gorki hun blikjes bier gewoon op het podium lieten staan, en er ook bij rookten. Luc kondigde aan dat het volgende nummer zou gaan over Jezus – enthousiasme in de zaal. Luc Heyvaerts: 'En toen voegde hij eraan toe: "En seks met uzelf." Weg enthousiasme.' Onmiddellijk stonden vijf bezoekers op en verlieten de zaal. Binnen een uur wist Luc de helft van het publiek weg te jagen. Heyvaerts: 'De "brave hoer Martine" in "Ooit was ik een soldaat" joeg letterlijk tientallen mensen de zaal uit. Toen ze het woord "hoer" hoorden, stonden ze op.'

Patrick zag een man halverwege de uitgang toch nog twijfelen en zich nog een keer omdraaien richting het podium. 'Toen trok zijn vrouw hem weg. Luc had ook in Zuid-Afrika weer zijn bovenlijf ontbloot, en zijn borsten in zijn handen gehouden. Zo tettengek was hij: als er geen borsten voorhanden waren, dan altijd nog in ieder geval die van hem zelf.'

In de lokale krant stond de dag erna een artikel over alle optredens. Ook over dat van de Vlaamse groep Gorki. 'De groep die bier dronk en sigaretten rookte "op die verhoog". Punt. Dat was het. Geen woord over onze nummers of teksten,' lacht Heyvaerts.

Het eetgedrag van Gorki en met name van Luc – dat kwam in dit land wél tot volle ontplooiing. De bandleden begonnen te eten in het vliegtuig, en hielden dat vol tot op het vliegveld in het thuisland. Er was geen maaltijd die ze oversloegen, geen deel van het buffet dat onaangeroerd bleef. Patrick Riguelle: 'Na de landing kocht Luc bij het eerste kraampje dat hij zag een zak van twee kilo gedroogd vlees, een uur later was die hele zak leeg. Bij een repetitie wilde Luc na letterlijk ieder nummer iets eten. Bij alle wilde dieren die we zagen had hij het vooral over de manier waarop je die zou kunnen bereiden. Luc was de slechtste toerist ter wereld.'

Dirk Jans, drummer van De Mens, was ook als invaller eens mee geweest met een Zuid-Afrikaanse tour en had tegen Riguelle gezegd dat hij nog nooit in zijn leven mensen zoveel had zien eten als de leden van Gorki. Toen Riguelle en Jans later een keer een kleedkamer deelden, stond daar een televisie aan. Er was een documentaire op, over koalaberen. De Nederlandstalige voice-over zei dat de innerlijke structuur van koalaberen zo in elkaar zit dat ze vrijwel alleen bladeren van de eucalyptusboom aten. Om dat te verteren, moesten ze extreem lang slapen. Kortweg bestond het leven van een koalabeer daarmee alleen uit eten en slapen.

Riguelle en Jans keken elkaar aan en riepen tegelijk: 'Gorki!'

Ik zag de geheimen van het heelal
De zwarte gaten van het geluk
En ik weet nu dat het bestaat

Gorki – 'Joerie' (van het album *Homo erectus*)

In de zomer van 1999 reisde Luc samen met Sandra naar Frankrijk om daar in een uitgestrekt veld de eclips te zien. Rond het middaguur van 11 augustus was de totale zonsverduistering een feit. De inleiding daarvan was bijna apocalyptisch: net voor alles donker werd, hielden de vogels op met fluiten. Het duurde 143 seconden en het waren voor Luc 143 seconden van bezinning. Luc De Vos, zevenendertig jaar oud, besefte, zoals hij dat later meerdere malen zou zeggen, dat het mensenleven een zucht was.

In datzelfde jaar las hij in de studio van Frank Duchêne *Elementaire deeltjes* van Michel Houellebecq. Het waren twee gebeurtenissen die van grote invloed waren op Lucs wereldbeeld, en daarmee op zijn schrijverschap.

Ik aanvaard het bestaan zoals het is: een nobele, doch op voorhand verloren strijd tegen allerlei onheil dat vanuit alle hoeken en kanten op ons afkomt, alsof de duivel ermee gemoeid is.
(Uit: 'Stervend licht', opgenomen in *Het werk van de duivel*)

Dat schrijverschap leek een moeizame start te hebben. Een paar weken voor hij met Sandra naar Frankrijk reed, had Luc nog een brief gekregen van Uitgeverij Houtekiet. Hij had opnieuw een manuscript naar ze opgestuurd, *Een Nieuw Lied*. Maar helaas.

'Alhoewel ik nog altijd moet lachen met veel fragmenten van je tekst, blijft mijn bezwaar gelden: het geheel maakt de individuele stukken niet sterker, integendeel. Overigens vind ik niet dat er erg veel veranderd is tegenover het vorige manuscript of dat je nu werkelijk van een "samenhangend geheel" kunt spreken. Kortom, ik zou dit manuscript liever niet publiceren.'

Wel had de uitgeverij twee andere ideeën: het uitbrengen van een boek met de verzamelde liedteksten van Gorki. En een bijdrage van Luc in een boek over 'het laatste taboe: masturberen'. 'Je van "allerlei sappen doordrenkte bed" (pag. 4) treft precies de toon die ook in dat boek de bovenhand zou moeten voeren.'

Er was vier jaar eerder wel al een boekje van Luc uitgekomen, met de teksten uit zijn literaire tour samen met Herman Brusselmans en Hugo Matthysen, maar dat was verschenen bij Icarus, een imprint van De Standaard Uitgeverij, en daarmee een boekje in de marge. Het waren veertig korte verhalen, met een sterk autobiografische insteek en zeer duidelijke, letterlijk aanwijsbare reviaanse invloeden, waar Luc ook niet omheen draaide getuige de titel van het vijfendertigste verhaal: 'Matroos Vos'. Veel titels van verhalen zouden later in varianten opduiken als zinsneden in Gorki-teksten: 'De liefde leeft', 'Vooruitgang en vermaak', 'De kinderen van Satan' en 'Jullie maken veel te veel lawaai'. Het boekje was zichtbaar nauwelijks geredigeerd en het zag er werkelijk niet uit, dus viel *De verworpenen* met moeite een volwaardig debuut te noemen.

Dat predicaat verdiende pas *Het woord bij de daad*, een verhalenbundel die in 2001 verscheen bij Atlas, de uitgever waar vanaf dat moment al Lucs werk zou verschijnen. Luc werd een zeer productieve schrijver: uiteindelijk verschenen bij de uitgeverij (later: Atlas Contact) drie verhalenbundels en vier romans.

Luc had een volslagen geromantiseerd beeld van die uitgeverij, waar in zijn verbeelding in een dickensiaans grachtenpand alle kamers tot het plafond waren gevuld met stapels manuscripten, en waar mannen die allemaal op Simon Carmiggelt leken zich al zuchtend door die post heen werkten van de miljoen Nederlanders die een roman wilden publiceren.

De *Standaard der Letteren* wees op de enorme invloed van Reve op Lucs Atlas-debuut en voegde daaraan toe: 'Maar tussen al dat leenwerk klinkt toch een eigen stem: bescheiden, weemoedig, soms ontroerend, vaak grappig en een enkele keer hilarisch.'

Het was precies deze combinatie die Atlas-directeur Emile Brugman het meest trof in de verhalen van Luc, toen schrijver Dirk Draulans hem daar op attendeerde. 'Dirk zei: ken je het werk van Luc De Vos eigenlijk? Hij schrijft verhalen die volgens mij behoorlijk goed zijn. Ik ging ze lezen en vond ze meteen heel erg goed. Ik ging ook naar zijn muziek luisteren, en ook die vond ik ook meteen heel goed. Vooral door die humor, die een beetje ongrijpbaar was, net als het gedrag van Luc. Zo bijzonder, zo eigen. Ik heb niet lang hoeven nadenken. Ik dacht: dit is een unieke stem. Er moet verschrikkelijk veel aan gebeuren, maar het moet uitgegeven worden.'

In het verhaal 'Het was middernacht' refereerde Luc aan zijn eigen verhouding met commercieel succes, en kwam een verwijzing naar Gorki's laatste albumtitel voorbij: in het verhaal werd hij geadviseerd door een reclamebureau (Slangen, Adders & Partners) dat hem een albumtitel als *Prettige vakantie* aanraadde: iedereen die vakantie vierde zou dan die cd kopen.

In interviews kreeg hij geregeld vragen over de passages rond het personage Vos en diens verhouding met prinses Mathilde. Luc was volslagen serieus in zijn bewondering voor haar, en trouwens ook in zijn nog grotere bewondering voor de Britse Lady Di. Hij beschouwde Mathilde feitelijk als een Mariaverschijning:

te midden van een ontaarde wereld vol banaliteiten was daar precies datgene waar de mensheid naar verlangde: de aanwezigheid van een wezen wier essentie school in haar zwijgen, in er gewoon zíjn.

De opvolger was een roman, net als de verhalenbundel zeer autobiografisch van karakter. Luc plukte in *De rest is geschiedenis* uit zijn jeugd, uit Gorki's optreden op Werchter en uit een reis naar Lourdes waar hij al over had geschreven. Later zou hij in *Het mensdom*, zijn roman over zanger Freddy Mollenvanger van de band Het Mensdom, uitvoerig putten uit zijn vakantie met Sandra in New York, en de grote verhalen die hij daar voor *De Morgen* over had geschreven.

De spot lijkt in *De rest is geschiedenis* nabij wanneer Vos, de hoofdpersoon, totaal volgevreten aankomt op het station van Lourdes, maar Luc omzeilt de verleiding van de ironie. Uiteindelijk was Lourdes voor schrijver Luc De Vos de optelsom van liefde en mysterie, dus geen reden voor hoongelach.

De rest is geschiedenis eindigde in 2004 op de zestiende plaats in *Humo*'s Gouden Bladwijzer, een verkiezing van het beste boek van het jaar volgens de lezers van het blad, nog voor *De asielzoeker* van Grunberg, *Pandora* van Pieter Aspe en *De droogte* van Herman Brusselmans.

De redactie van de roman deed Atlas-directeur Brugman zelf. 'Ook daarin was hij anders dan andere auteurs. Soms had ik de indruk dat ik helemaal niet tot hem doordrong, of had hij nauwelijks iets veranderd. Dan leek hij gewoonweg geen zin te hebben. Met name op het eind van een boek moest hij altijd wel gepusht worden. De deadline halen was er zover ik me herinner nooit bij. Maar goed, bij welke schrijver wel? Andere keren had hij juist heel veel werk verricht. Vooral schrapwerk, met name in de flauwe en melige uitweidingen. Vooral bij zijn romans had hij de neiging eindeloos te gaan ouwehoeren. We zaten meestal in die treurige stationsrestauratie van Gent. Dat was op zich ook weer heel ironisch: daar zat hij heel braaf te luisteren en "Ja, meneer Brugman" te zeggen. En terwijl hij daar zat als een schooljongetje, liepen aan één stuk door mensen langs die hem begroetten. Tot het moment dat hij zei: "Heel fijn, meneer Brugman, ik ga aan de slag." Dat "meneer Brugman" heeft hij tot het einde volgehouden.

En ook daar zaten volgens mij drie dubbele bodems in. Het was aan de ene kant ironie, maar aan de andere voelde je dat hij opkeek tegen Amsterdam en tegen een echte literaire uitgeverij. Maar wat precies wat was, dat wist je bij hem nooit.'

Die bewondering voor een Amsterdamse uitgever was wel degelijk gemeend, zegt Rick de Leeuw, met wie Luc afsprak als hij in die stad was. 'Als hij hier was, wilde hij slenteren door de stad, en naar boekhandels. Eigenlijk wilde hij volgens mij het liefst doen wat in het lied "Amsterdam" van Kris De Bruyne wordt bezongen: naar Randy Newman in het Concertgebouw. Amsterdam leek een bijna mythische werkelijkheid. En het tekenen van een contract bij een uitgever in die stad, als jongen uit Wippelgem, dat was bijna intergalactisch, op papier misschien wel het hoogst haalbare. Ik dacht altijd dat bij hem de vijftienjarige Luc uit Wippelgem meeging naar de uitgever, wat de Luc van vijftig daar ook van vond. De mate waarin hij die vijftienjarige in leven had weten te houden, was groot. Het idee dat je die jongen van vijftien op een dag moet bedanken voor zijn goede zorgen en een tijdsprong moet maken naar je huidige leeftijd, voor veel mensen op een dag toch een noodzakelijkheid, had Luc slim ondervangen door er een van de vele Luc De Vossen van te maken die hij altijd met zich meesleepte.'

De postbode bracht vorige week een pakje aan de deur met daarin tien exemplaren van mijn boek De rest is geschiedenis. *Er zat een kaartje bij van uitgeverij Atlas uit Amsterdam met de boodschap: Hartelijk gefeliciteerd met alweer de vierde en vijfde druk van uw boek. Het boek had al een tweede en derde druk gehad en nu dit er nog bovenop. Dat had ik echt nooit durven denken. Een mens kan soms te bescheiden zijn. Maar ik was dolblij dat die mensen daar in Holland content waren met mij.*

Er staat wel nog altijd een fout in mijn boek. Een van de hoofdstukken heet 'Nil nove sub sole', dat betekent: niets nieuws onder de zon. Maar dat is fout, het moet zijn: nil novi sub sole, u weet wel, de genitief van novum.

Iemand had mij daar bij de vorige drukken op attent gemaakt en ik had gedacht: er is nu niets meer aan te doen, er komen toch geen verdere drukken.

Maar die zijn er nu dus wel, nog steeds met die dwaze fout daarin. Wat moet ik nu doen? Bellen naar die mensen van de uitgeverij en zeggen dat ze die fout moeten verbeteren in de zesde en zevende druk die er waarschijnlijk toch nooit zal komen?

(Uit: 'Een boterham met ganzenvet', opgenomen in *De volksmacht*)

De volksmacht, een bundel van acht verhalen die hij oorspronkelijk voor *De Morgen* had geschreven, werd gepresenteerd in Jour de Fête, het restaurant van Lucs goede vriend Bruno Matthys. Collega-auteur Christophe Vekeman hield een bevlogen speech, waarin hij stelde:

'Luc de Vos is geen rockmuzikant die boeken schrijft op de manier waarop heel wat bekende Vlamingen, BV's dus, in de politiek gaan. Eerder zouden we hem een dubbeltalent kunnen noemen,

of een zesdubbeltalent of weet ik veel. Maar het eenvoudigste, en het eerlijkste ook, is eigenlijk gewoon te zeggen: Luc De Vos is een schrijver. Luc De Vos, ja, is een goede schrijver. En sterker nog, naar mijn smaak en mening is Luc De Vos een van de beste levende schrijvers die Vlaanderen momenteel rijk is. (...) Net als alle grote schrijvers heeft Luc De Vos ook altijd gelijk. Ik citeer instemmend uit De volksmacht*: "Het is beter rijk en gelukkig te zijn dan arm en ongelukkig. En de paus is katholiek en water is nat." Daar valt dus inderdaad geen speld tussen te krijgen. Maar gelukkig zijn er natuurlijk ook minder voor de hand liggende waarheden die Luc De Vos ons leert, zoals: "Het gedrag van mensen zoals ik, die altijd maar in die zee zwemmen, getuigt van een sterk homo-erotisch geladen psyche. En mensen die niet in zee zwemmen, die het gevecht met de golven en het geweld van de zeegod Poseidon liever vermijden, dat zijn allemaal nichten."*

Zo is het inderdaad maar net, en via deze stelling komen wij trouwens naadloos terecht bij het volgende punt op de lijst van eigenschappen die alle grote schrijvers bezitten: grote schrijvers hebben altijd wel een goeie grap in de mouw zitten, zoals: "U moet weten, ik was in die tijd daar op kostschool en dat was nu net het probleem: de kost was niet voor consumptie vatbaar." En hebben zij geen goeie grap in de mouw, dan wel het soort van oneliner waarmee je als lezer toch meteen weer een flink aantal weken voort kunt: "We moeten niets verlangen, maar alles verwachten," bijvoorbeeld.

Maar het allerbelangrijkste, het finaal doorslaggevende argument om Luc De Vos een waarlijk groot schrijver te noemen bestaat eruit te wijzen op het volgende criterium, waaraan al zijn teksten beantwoorden: als je ze leest, word je gelukkig. Ze brengen troost, verwarmen het hart, geven moed en maken gelukkig.'

Vekeman had Luc leren kennen tijdens een literaire quiz die Studio Brussel in 2001 op de Vlaamse Boekenbeurs organiseerde. Vekeman had net zijn roman *Iedereen kan het* uit, Luc *Het woord bij de daad*. Vekeman vormde een team met Dimitri Verhulst, Luc met Erwin Mortier. Het team van Vekeman en Verhulst werd eerst volledig ingemaakt door het team van Luc en Mortier, en vervolgens moest Luc het opnemen tegen Mortier. Ook die speelde hij naar huis. 'Dat was redelijk opzienbarend gezien de manier waarop Luc zichzelf altijd omkleedde met de mantel der bescheidenheid. Het popzangerke, zoals hij zichzelf omschreef, was duidelijk niet van de straat. Zo kwamen we te spreken over Gerard Reve, en die bleek onze gezamenlijke liefde. Zijn favoriete dichtregel van Reve was "wanhopig drinkend onder keukenlicht". Dat vond ik zo'n geweldige keuze, en het klopte bovendien zo goed met het beeld dat ik toen al van hem had, dat ik hem meteen in mijn hart sloot. Hij definieerde zichzelf goed aan de hand van die regel van Reve – van wie het fanschap bovendien niet vrijblijvend is, maar doorvoeld en doorleefd.'

Niet veel later was Reve onderwerp van een grote rel in België, toen koning Albert van België weigerde de Prijs der Nederlandse Letteren aan Reve uit te reiken, vanwege de verdenking van aanranding van een minderjarige jongen door zijn partner Joop Schafthuizen. 'Luc en ik kwamen toen in hetzelfde radioprogramma terecht, samen met Tom Lanoye, om ons licht te laten schijnen over die affaire met Schafthuizen en het pielemuisje.' Lachend: 'Luc zei toen: "Het is toch dat homoseksuele karakter van die boeken van Reve dat me zo aanspreekt." Dat komt ook vaak terug in de boeken van Luc, dat sentiment van: "Nu ben ik heteroseksueel, maar vroeger was ik even homoseksueel."'

Sindsdien hielden ze altijd contact. Vriendschappelijk contact. 'Mijn neiging is om "ja" te antwoorden op de vraag of wij vrienden waren, al was het maar omdat ik denk dat hij mij zo zag. Een vaak gehoorde kanttekening bij Luc is: "Maar zo goed kende ik hem niet." Welnu: zo goed kende ook ik hem niet, maar we waren wel vrienden. Dat durf ik te zeggen om twee redenen: ik ben hem altijd graag tegengekomen, ook op een trouwfeest of met een kater bij de bakker. Luc treffen was altijd een plezier. En ten tweede: we hebben nooit een beroep op elkaar gedaan à la "ik sta hier met een platte band bij afslag Lokeren", maar dat had hij wel mogen doen. Mijn beeld van hem is dat van een unieke, goede ziel. Dat wekte bij mij vriendschapsgevoelens op. Er school geen kwaad in Luc. Hij mocht wel roddelen over collega's, zoals dat gaat bij schrijvers. Maar dat was nooit kwaadaardig. Mijn grote plezier was wanneer we al de hippe schrijvers van de nieuwe generatie opnoemden, die Luc allemaal op de voet volgde, en ik dan zei "dat waait allemaal wel over", en Luc heel gul lachte, elke keer weer.'

Ze hadden het ook geregeld over Reve, met wie Luc volgens Vekeman veel gemeen had in zijn werk: niet alleen het taalgebruik, maar ook het voortdurende besef van de vergeefsheid der dingen, de dominante rol van het katholicisme, en de maatschappijkritiek. 'Al was Reve beslist rechtser dan Luc. Bij het laatste interview dat ik met Luc had voor *De Morgen*, schakelde hij zijn roman *Paddenkoppenland* bij uitbreiding gelijk aan de NVA. Nu hebben schrijvers als Saskia de Coster met evenveel gemak vergelijkbare kritiek, maar bij Luc vond ik dat moediger omdat het minder vanzelfsprekend was. Hij had een veel breder publiek dan de gemiddelde schrijver. De meeste Vlaamse schrijvers hebben van a tot z publiek dat exact hetzelfde denkt, bij Luc was dat heel anders. Hij werd in de jaren negentig juist vaak beschouwd als een rock-'n-roller met een CVP-hart.'

Vekeman herkende zich in wat Luc vertelde over zijn jeugd. Over het opgroeien met zeventien stripverhalen en twee pyjama's. 'Ik snapte dat creëren van een eigen wereld met die stripverhalen heel goed: een fantasiewereld waar je je toevlucht in kunt nemen, een wereld waar je zelf genoeg aan kunt hebben. Met alle gevaren van dien. Bijvoorbeeld in Lucs geval het gevaar dat je als eindtwintiger moet vaststellen dat je iedere avond voor de badkamerspiegel Roger Daltrey kunt nadoen, maar wel nog steeds bij je moeder thuis woont.'

Vekeman vond de verhouding van Luc met zijn achtergrond fascinerend. 'Hij nam niet zozeer zijn familie, maar eigenlijk vooral zijn afkomst heel veel kwalijk. En tegelijkertijd was er ook een teruggrijpen daarnaar, bijna een soort heimwee. Een vreemde paradox. Het verheerlijken van wat zo verschrikkelijk was. En daarna de melancholicus, die die melancholie bestrijdt met rock-'n-roll. Het bestrijden van de weemoed. Ook dat andere contrast zag je bij Luc, het contrast waarvan het cliché is dat het zo hoort, maar dat je de werkelijkheid eigenlijk vrijwel nooit ziet: dat tussen verlegenheid en podiumbravoure. Schuifel-schuifel richting het podium, en eenmaal op dat podium helemaal het haantje. En erna, van het podium af, weer overvallen worden door de grote verlegenheid.'

Over muziek hadden ze het vrijwel nooit. Eigenlijk waren ze het alleen eens over de genialiteit van Freddie Mercury, die Luc in *De rest is geschiedenis* ook nog even liet langskomen: 'Freddie liep het podium af en stapte uitgeput en bezweet op de achterbank van de Bentley die op hem wachtte. Daar zat zijn naakte negerslaaf met een roede die stijf stond van verlangen. Die nam Freddie in zijn mond. Hij viel, met die roede in zijn mond, in een droomloze slaap.'

Soms ging Vekeman mee naar optredens van Gorki. Dat hun muzieksmaken danig verschilden, en Gorki ook geen muziek maakte die muzikaal in het straatje lag van Vekeman (liefhebber van zangers die met een hoed op hun hoofd en een snik in hun stem zingen over hun ex en de fles), dat deerde niet. 'Ik ben fan van Gorki geworden toen ik Luc kende. En in mijn hoogst persoonlijke beleving was hij meer schrijver dan muzikant.' Vekeman deed ooit één poging om Luc te enthousiasmeren voor zijn muzieksmaak. Hij kocht een cd voor Luc die hij volgens Vekeman echt eens moest beluisteren, en gooide die met een briefje in Lucs brievenbus. 'Hij zei er niets over, dus ik vroeg er na een tijdje zelf maar naar: "Zeg, heb je die cd ooit nog geluisterd?" Zijn reactie was een gemompeld: "Jaja", en de opmerking: "Er is zovéél goede muziek."'

Op negatieve kritiek op zijn literaire werk, en die kreeg hij geregeld, reageerde Luc wel opvallend anders dan veel andere schrijvers, merkte Vekeman. 'Veel schrijvers zoeken het liefst meteen na lezing van een negatieve recensie een boom uit om de recensent die er uiteraard niets van heeft begrepen eigenhandig in op te hangen, bij voorkeur bij weinig wind. Luc vroeg zich daarentegen af wat de beste man of vrouw toch tegen hem had. Hij bleef duidelijk gezien worden als die popmuzikant die ernaast af en toe een boek uitbrengt. Het frustreerde hem, temeer omdat hij zijn schrijfwerk serieus nam. Ik sluit niet uit dat hij bij een slechte recensie verontwaardiging voelde tijdens een korte tijd, maar de veerkracht die synoniem is aan een dergelijke verontwaardiging miste hij. Ik denk dat de verslagenheid groter was dan de verontwaardiging. En dan niet de verslagenheid van de angst lezers te verliezen, maar die van twijfel aan zijn eigen kwaliteit. Ik zou geen antwoord kunnen geven op de vraag hoe goed hij zichzelf vond als schrijver. Als hij objectief probeerde te zijn, zover dat kan over jezelf, maak ik me sterk dat hij toch best vond dat hij reden tot trots had.'

Sandra ergerde zich rot wanneer hij het in een interview weer had over een 'boekske', en zelf opmerkte dat hij zijn literaire werk 'tussen de soep en de patatten door' schreef, een opmerking die zich hard tegen hem keerde. Vekeman vond net als Sandra dat Luc de zelfrelativering te dik aanzette. 'Die opmerking over het schrijven tussen de soep en de patatten keerde zich tegen hem. Het mechanisme om jezelf alvast kleiner te maken schoot in dit geval zijn doel een beetje voorbij.'

Zijn uitgever Emile Brugman vond het niet moeilijk om aandacht voor Luc te krijgen. 'Het was wél moeilijk seriéúze aandacht voor zijn boeken te krijgen. Luc De Vos kon je gemakkelijk slijten, maar er hing een onuitgesproken gevoel over "die jongen van die liedjes" die zo nodig ook boeken moest schrijven. De literaire wereld is nou eenmaal heel snobistisch. Als recensenten het al gelezen hebben, dan was het met een enorme vooringenomenheid, en kennelijk een onvermogen om zijn originaliteit te zien. Hij kleineerde zichzelf soms al bij voorbaat door het over zijn "boekske" te hebben. Graag serieuze aandacht krijgen voor het werk, maar tegelijk de angst: wat als ze het dan niet goed vinden? Dan kun je gekwetst worden, en Luc leek me een erg kwetsbare man.'

Collega-schrijver Jackie Dewaele, beter bekend als Zaki (en bezongen in het Gorki-nummer 'Concorde': 'Weet je nog De Mike en Zaki drive-inshow / Toen een dj nog een arbeider was'): 'Luc had natuurlijk ook een eigenschap die in deze maatschappij niet meer op prijs wordt gesteld, maar zó schoon is: hij wist wat nederigheid was. En daardoor ook een schroom zich te tonen, zelfs al speelde hij het spel mee.'

Tegelijk vonden Sandra en Vekeman ook allebei dat Luc als

schrijver het best tot zijn recht kwam in korte verhalen en vooral in columns, beter dan in romans. Daarin redde hij het niet op zijn grootste kracht, de toon, en worstelde hij met de spanningsboog en de structuur, en dat was te merken, zeker in zijn roman *De laatste mammoet*, over de neven Godfried en Wilfried. Vekeman: 'Misschien stond hij voor zo'n lang verhaal toch iets te rusteloos in het leven.'

Aangenaam verrast was Vekeman toen hij op de achterflap van Lucs roman *Paddenkoppenland* in 2014 las dat de auteur die beschouwde als zijn belangrijkste boek.

'Ik dacht: hier is over nagedacht. Die zin sprong eruit, omdat die niet bij Luc paste. Dat was meer de stijl van Herman Brusselmans: inderdaad, ik ben een genie. Lucs benadering was altijd: ik ben maar een zangertje, ik speel in een bandje en ik hoop maar dat mensen plezier beleven aan mijn boekje. Hier trok hij werkelijk een andere kaart, en dat deed hij vast niet voor niets.'

Het schrijven van die laatste, en onbetwistbaar zijn beste roman, *Paddenkoppenland*, had Luc het meeste werk van zijn hele literaire loopbaan opgeleverd. Deze beschrijving van zijn jeugd, zijn generatie en zijn land, door de ogen van hoofdpersoon Ronny De Keyzer verscheen bij de uit een fusie ontstane uitgever Atlas Contact, met de nieuwe redacteur Jelte Nieuwenhuis. Die had gehoord dat Luc een mooie toon had, maar zeker in zijn romans leed aan wijdlopigheid. Luc kreeg zijn geprinte pagina's van hem terug vol opmerkingen, waaronder opvallend vaak de woorden 'schrappen' en 'indikken'.

Toen Luc langskwam op de uitgeverij, wist ook Nieuwenhuis al snel dat Luc het een enorme eer vond om als jongetje uit Wippelgem op bezoek te mogen komen bij de chique uitgeverij Atlas Contact, die hij zíjn uitgever mocht noemen. Dat Nieuwenhuis dit al snel wist, kwam doordat Luc het hem letterlijk vertelde. Toevallig zaten ze uitgerekend in de directiekamer, die met zijn hoge plafond en statige uitstraling exact voldeed aan Lucs beeld van de uitgeverij. Nieuwenhuis zag een beetje een morsige rocker in deze kamer naar boven kijken, alsof hij zichzelf nog kleiner wilde maken.

Luc was een ander type auteur dan Nieuwenhuis gewend was. Toen hij Luc uitlegde dat hij vond dat Luc een mooi verhaal had geschreven, doorleefd en met fraaie sprookjeselementen, dat hij zich andermaal had laten kennen als een chroniqueur van de kleine Vlaamse man, maar dat hij er veel te veel omheen lulde en eigenlijk alles twee keer opschreef, reageerde Luc niet zoals de meeste auteurs op zulke ingrijpende kritiek. Hij ging niet in de verdediging, hij leek niet beledigd, zijn trots leek niet gekrenkt. 'Integendeel: hij bleef me ook in de volgende fasen van het redigeerproces alsmaar bedanken. Ik was zelf een beetje onzeker of hij wel kritiek zou accepteren van zo'n jonkie dat er pas halverwege zijn boek bij was gekomen en met wie hij nog geen enkele vertrouwensband had opgebouwd, maar Luc bleef maar herhalen dat hij hier veel van leerde, met de toevoeging "en dat nog na mijn vijftigste!"'

De zin over deze roman als Lucs belangrijkste werk tot nu toe, die reikte hij zelf aan: 'Hij zei het letterlijk. En voegde er een opmerking aan toe over al het werk hiervoor als oefeningen en schetsen voor deze roman. Het bijzondere aan Luc was dat hij dat soort dingen gewoon zei, ook zonder dat we honderd uur samen hadden doorgebracht.'

Hij had het onderwerp van het boek besproken met Emile Brugman, en ook voor Brugman was het toen duidelijk geworden hoe belangrijk het boek voor Luc was. 'Het was altijd moeilijk hoogte van Luc te krijgen, maar hij sprak steeds meer over de gevoelens die hij had over zijn familie, en hoe moeilijk hij het vond nooit ergens over te kunnen praten. Hij kon er soms ironisch en wegwerpend over doen, maar er sprak een enorm gevoel van eenzaamheid uit. Natuurlijk moet je dat als schrijver ook cultiveren, maar hij wekte echt de indruk dat hij er iedere dag mee zat.'

Voor het eerst kreeg een boek van Luc De Vos een fraaie cover, met een mooie verwijzing naar David Bowie. De titel haalde redacteur Nieuwenhuis uit de tekst. 'Hij was er meteen mee akkoord, zonder enige discussie. Ook nogal een unicum. Sterker nog: met het woord "land" erachter stond het nog niet in zijn eerste versie, maar dat voegde hij alsnog toe.'

Voor het eerst werd hij ook besproken in een grote Nederlandse krant: de roman kreeg drie sterren in *NRC Handelsblad*. 'Zo'n speels huwelijk tussen lichtheid en ernst kom je toch zelden tegen.'

In *Paddenkoppenland* liet Luc een van de hoofdpersonen zeggen dat de schoonheid en de liefde echt bestaan, als entiteiten die ergens boven de aarde zweven. Het was een overtuiging die in vrijwel al zijn werk terugkeerde. En niet alleen dat, hij bestreed ook de verkondigers van het tegendeel. Al in *Het woord bij de daad* ging hij tekeer tegen ethicus Etienne Vermeersch. In interviews lichtte Luc het toe, en was zijn toon veel feller en polemischer dan gebruikelijk. Vermeersch beschouwde de mens als een louter stoffelijk wezen, stelde Luc, een onttoverd wezen. Terwijl de essentie van een mens juist de betovering was: een mens leefde volgens Luc voor 99 procent in dromen en verlangens. Dít mens althans wel, al zei Luc dat er niet bij. En vervolgens maakte hij het af met een retorische truc, waarmee hij toch enige ruimte liet voor de paradox: ja, Vermeersch had gelijk in al zijn opvattingen over de mensheid, maar dan alleen wat betreft 1 procent van het totale domein van die mensheid.

Zijn verhouding met Houellebecq was nog ingrijpender. Bij Vermeersch leek het of die probeerde te morrelen aan Lucs overtuiging, waarop Luc reageerde met een verdediging daarvan. Houellebecq leek een poging te doen Luc te beroven van misschien wel zijn meest kostbare houvast: troost. Daarom maakte Houellebecq Luc niet boos, zoals Vermeersch, maar bang.

'*Elementaire deeltjes* was voor Luc een soort klap van een hamer,' zegt Patrick Riguelle. 'Het haalde de grond onder zijn voeten weg. Wat volgens mij bewees dat Luc wílde geloven.'

De nietigheid van de mens, die Houellebecq zijn lezers met zichtbaar genoegen inwreef en die Luc voor zijn gevoel had ervaren tijdens die 143 seconden in Frankrijk, beschouwde Luc niet als rustgevend of bevrijdend. Allerminst. Hij aanvaardde die, hij bestreed die nergens. Maar er moest wel iets tegenover staan, een vorm van samenhang, van hogere waarde, van zin. Nee, God kón inderdaad niet bestaan, daarvoor had Luc in zijn leven genoeg boeken gelezen en wetenschapsprogramma's gekeken. Maar aan de andere kant kon uit niets ook niet íéts ontstaan. Dat was nou eenmaal het mysterie van het leven, en juist op dat mysterie dreef het leven. Het antwoord op het dogma van een zinloos leven was volgens Luc met stellige overtuiging geloven in een zinvol leven.

Houellebecq zei: 'Daar hebt gij wel een punt, meneer De Vos. Alles is mogelijk. Maar met het feit dat alles mogelijk is wens ik als rationeel denkend individu geen rekening te houden. En in wezen is het allemaal niet zo belangrijk, als we maar lol hebben.'

'Ja,' zei ik, 'het is allemaal niet zo belangrijk.'

We begonnen allebei te schaterlachen.

(Uit: *De rest is geschiedenis*)

Lucs christelijke overtuiging was niet statisch; die ontwikkelde zich, en nam beurtelings af en toe in belang. Grofweg: áf voor zijn dertigste, toé na zijn dertigste. Helemaal van zijn geloof viel hij nooit. Hij sprak er weinig over, soms met Sandra, soms met kardinaal Danneels, soms met zijn vriend Bruno, al verwerden die gesprekken snel tot discussies.

Sandra: 'Van *Elementaire deeltjes* was hij echt niet goed. Het kwam meteen terug in zijn teksten, over de "neuronen in mijn hersencellen". De vraagstelling in dat boek was voor hem de meest existentiële: als alles een chemische reactie is, dan bestaat zelfs de liefde niet. Het is niet zo dat hij zo'n boek las alsof dat het licht en de waarheid is, maar hij kon wel helemaal begeesterd zijn door een andere kijk op de realiteit. Dat had hij ook toen hij de BBC-serie *Walking with Dinosaurs* keek. Ook dat was een keerpunt voor hem: dus je bent tachtig jaar op deze aardkloot en dat heeft allemaal niks te betekenen. Kijk naar die dino's, die zijn ook allemaal uitgestorven. Zijn van oorsprong christelijke wereldbeeld kantelde. Hij viel niet van zijn geloof, maar hij ging het steeds filosofischer plaatsen.'

Bij verklaarde agnosten en atheïsten in zijn omgeving – en het goddeloos gehalte van zijn omgeving was hoog – vermeed hij het onderwerp. In de auto bij Noelle of in de kleedkamer bij Gorki ging het nooit over religie. In interviews praatte hij er wel over, maar zijn neiging ook snel een grap te maken zorgde er dan vaak voor dat over het hele onderwerp toch een schijn van ironie neerdaalde.

Het meest direct, ernstig en diepgaand sprak hij over zijn geloof in 2005 in het blad *Opnieuw geboren*, uitgegeven in opdracht van de Nederlandse en Vlaamse bisschoppenconferentie. Hij vertelde dat gedoopt zijn betekenis voor hem had, omdat rituelen wezenlijk zijn in het leven. Luc noemde rituelen 'de uitwendigheden van de droom', waarbij hij 'droom' zoals wel vaker gebruikte als synoniem voor de ziel. Een mens koos deze rituelen niet, ze kozen de mens. Was hij in China geboren, stelde Luc, dan was hij wellicht een boeddhist geworden. Maar hij was geboren in het katholieke Vlaanderen, en daarmee was hij onderdeel geworden van de katholieke traditie. Het was een keuze uit volle overtuiging om die traditie voort te zetten en zijn zoon Bruno ook te laten dopen, legde Luc uit, die zich keerde tegen het idee dat een kind dat later in zijn leven zelf mocht bepalen. Een kind koos toch ook niet zijn eigen naam? Een mens was nooit totaal vrij, en een kind al helemaal niet.

Het leven draaide om verlangen naar wat de mens te boven gaat, stelde Luc. Zijn eigen grootste verlangen was dat de liefde de dood overleefde.

Hij kreeg ook een vraag over de katholieke Kerk: of die geen fouten had gemaakt. Natuurlijk wel, stelde Luc, met name door de verleiding van de macht. Menselijke fouten waren dat. God viel die fouten niet te verwijten. Sterker nog, stelde Luc: God huilde om onze fouten.

Het kind kijkt naar de film
Wel honderdduizend keer
Het houdt van Mowgli en Baloe in het oerwoud
Het is helemaal niet moeilijk
Overal is liefde
En ik hou van robots
In een ruimtetuig
Met lampjes en knopjes
En een geheime energiebron

Gorki – 'Robots in een ruimtetuig' (van het album *Plan B*)

Toen Luc in november 2000 vader werd, bleek zijn omgang met kinderen net als die met vrouwen: een tikkeltje onhandig, maar vol goede wil. Heel veel goede wil: hij was dol op Bruno. Zeker de eerste jaren waren ze vaak met zijn tweeën. Sandra ging werken, Bruno en Luc bleven thuis spelen, stoeien, ravotten of samen zwemmen in recreatiepark Blaarmeersen. Jongetjes onder elkaar, met Luc als blije vader, gefascineerd door en trots op die baby, die hij overal mee naartoe nam. Bruno ging ook niet naar de crèche, hij bleef bij Luc, die kilometers met hem door Gent liep in zijn buggy of samen met hem in bed bleef liggen.

Toen ze op een dag op bezoek gingen bij Lucs moeder in Wippelgem, zag Sandra een ingelijste foto van een baby op de vensterbank staan, tussen al die andere foto's van kinderen en kleinkinderen. Ze vroeg aan Irma de Puydt wie die baby was. Bruno, zei ze. Sandra keek nog eens naar de foto. Dat was Bruno niet. Ze zei tegen de moeder van Luc dat ze een verkeerde foto moest hebben ingelijst. Ze keek nadrukkelijk naar die baby van zes maanden op haar arm: Lucs moeder zag toch ook wel dat die er anders uitzag? Jawel, zei Lucs moeder: die baby op de foto was Bruno. De foto van de onbekende baby zou er altijd blijven staan. Irma de Puydt was geen vrouw die zich gemakkelijk liet overtuigen.

De eerste jaren van Bruno werkte Sandra in het onderwijs. Vriend Bruno zegt: 'Omdat Sandra een fulltimejob had, zei Luc:

ik ga me bezighouden met de kleine. Eerlijk gezegd zag ik dat niet in hem. Maar hij heeft dat wel gedaan, en ook nog op een ongelooflijk intense manier.'

Sandra: 'De eerste dagen dat ik weer ging werken, na de bevalling en na die maandenlang alleen maar met je kind in huis, bijna nooit buiten, had ik een soort existentiële crisis. Ik maakte me heel veel zorgen, had alles klaargelegd voor Luc, zeker zeven keer uitgelegd wat hij op welk moment van de dag precies moest doen. En toen ik 's avonds thuiskwam, had Bruno wel een Pamper aan maar geen broek erover, had hij twee verschillende sokken aan en er hing een snotterbel in zijn haar. Ik had een mutsje en sjaaltje klaargelegd, maar die kon hij niet vinden, dus hij had zijn eigen sjaal rond de baby gewikkeld en er nog een handdoek overheen gelegd zodat hij geen kou zou vatten. Ik heb meteen besloten: ik moet dit loslaten. Luc deed het op zijn manier.'

Luc wandelde graag door Gent, de stad waar hij werkelijk van hield, en waar hij ieder jaar tijdens de Gentse Feesten bovendien opnieuw verliefd op werd. Sandra had hetzelfde. Het leek wel of die dagen alles wat ze allebei geweldig vonden, aan elkaar en aan deze stad, samenkwam. Muziek, theater, cultuur, vrienden, feest, eten en drank, de energie van een stads leven. Die tien dagen per jaar klopte alles. Dichter bij New York kwam een Vlaamse stad niet.

Niet dat ze tien dagen voortdurend samen waren. Zo was hun relatie ook niet. Sandra: 'We waren geen symbiotisch koppel. We hadden allebei ruimte nodig om alleen te zijn. We waren trots op elkaar en op elkaars werk, maar we waren geen in elkaar verstrengelde twee-eenheid.'

Tijdens de Gentse Feesten liep Luc elke middag de stad in, en liet zichzelf vervolgens verdrinken in alles wat op zijn pad kwam. Hij ging overal kijken, ook op de meest marginale podia. Sandra had het vaak druk op de feesten: ze stond met haar kunstcollectief cirQ op verschillende plekken op het festival. Hun zoon Bruno, die later zou gaan meespelen bij het Gentse jeugdtheater Larf!, deed soms al mee. De absurde, uitdagende performances van cirQ waren ver voorbij de mainstream, en al helemaal de mainstream van amusement voor kinderen. Het was eigenlijk het idee waarmee de Gentse Feesten ooit waren begonnen, wat Sandra betreft: een laagdrempelig festival, waarbij iedereen die iets te vertellen of te tonen had, dat kon doen op een geïmproviseerd podium. Luc liep meestal rond en iets na middernacht terug naar huis, Sandra meestal veel later.

Alleen al daarom leek iedereen in Gent Luc persoonlijk te kennen: hij wandelde altijd door de stad, niet alleen die tien dagen per jaar. Hij kénde de stad ook werkelijk, elke anekdote bij elk plein, de historie van elk gebouw. Mensen hoefden in Gent maar een willekeurige plek aan te wijzen, of Luc kon een hoorcollege geven.

Het is goed dat er niets gebeurt op zondag. U moet eens door de Veldstraat lopen, over de Graslei, liefst in de winter op een regenachtige zondagavond. De straten zijn verlaten. Onze goede stad Gent wordt een gigantische stille reus. Een geheimzinnige plek waar achter gevels geheimzinnige dingen gebeuren. In de verte weerklinkt het geluid van een laatste tram. In die uren komt mijn geest tot niets. Ik ga door de stegen en over pleinen, en ik denk aan niets. Voor mensen zoals ik is het goed om soms een keer aan niets te denken, want anders zou ik zot worden, zo meen ik. Dat mogen ze mij nooit afnemen, mijn zondagavonden in mijn lieflijke, lege stad Gent.

(Uit: 'Een stille zondagavond', opgenomen in *Het werk van de duivel*)

Toen een paar mensen uit de buurt het langzaam wegkwijnende parkje achter het huis van Luc en Sandra wilden aanpakken, was Luc erbij. Er werden festiviteiten georganiseerd, met muziek, en spellen voor de kinderen. Het grootste succes was een enorme versie van het computerspelletje Tetris. Al die objecten waar de kinderen doorheen moesten kruipen, moesten worden getest. Dat deed Luc. Toen hij honger kreeg, kocht hij voor een kapitaal aan biefstukken, gooide ze op de barbecue en deelde ze met de aanwezigen, onder het herhalen van zijn nieuwe motto: 'Biefstukken voor het volk!'

Hier leerde hij zijn buurman Jan Bekaert kennen, die een van zijn beste vrienden zou worden. Ze kochten samen een bootje en Luc legde onmiddellijk de rollen vast: Jan zorgde voor de techniek, hij was de kapitein. Luc kocht meteen een kapiteinspet. Jans kinderen kwamen graag bij Luc thuis, omdat hij vond dat kinderen moesten spelen. Daarom was hij zo blij als het juli was, want dan kon Bruno gewoon spelen, zoals dat hoorde, in plaats van naar school, dat arme manneke.

Jan woonde tijdens een verbouwing een tijd in de straat van Luc en Sandra, en kwam 's ochtends even koffiedrinken. Luc had dan net de krant gelezen, en altijd iets gevonden waar hij zich over opwond: een nieuwsbericht of een spelfout. Lang duurde die boosheid nooit. Ze vonden elkaar in 'leute maken'. Veel lachen, ook om de donkere kant van het leven. Jan was een van de weinige mensen met wie Luc daar wat diepgaander over sprak, maar lachte het altijd zo snel mogelijk weer weg. Als Jan relatieproblemen had, besprak hij ze met Luc. Die hoorde het dan aan, zei iets zinnigs, maar niet te veel, en trok vervolgens zijn conclusie: het is een schijtwijf! Dat ging Jan andersom ook doen, en al snel vertelden ze het allebei ook hun vrouw. Dat luchtte ook wel op: dat die wisten dat ze wat Jan en Luc betreft soms schijtwijven waren.

Luc kookte ook vaak voor Sandra, Jan en zijn vrouw en vaak ook nog wat andere vrienden. Op zo'n dag kondigde hij 's ochtends aan dat hij vanavond konijn zou maken, en stond iedereen in de keuken, Luc in het midden achter de pannen, af en toe uitvoerig uitleg gevend over het avondmaal. Dan vroeg Luc of iedereen wist hoe je kon zien of de asperges gaar waren, en vervolgens deed hij dat voor. Na het eten bleef iedereen nog lang hangen in de keuken, behalve Luc zelf. Die was in de woonkamer gaan zitten om tv te kijken. Het ging hem om het koken en het samenbrengen van die mensen.

Uit Gorki leek na de piek van 2000 de energie weggesijpeld. De verzuchting tegen Frank Duchêne dat hij het ook nog eens buiten het Nederlandstalig taalgebied wilde zoeken, kwam steeds vaker terug. Luc had altijd veel lof gekregen voor zijn teksten, maar gemakkelijk gingen die hem niet af; een keer in het Engels schrijven zou ook eens fijn zijn. Zo was hij immers ooit begonnen.

Het was sowieso een terugkerende uitspraak van Luc dat hij ergens anders geboren had willen worden, liefst in Londen of New York. Alleen waren er vroeger nooit voorbeelden geweest van Vlaamse bands die het ook daadwerkelijk ver schopten in het buitenland door in het Engels te zingen. Dat veranderde met dEUS. Die deden dat gewoon, in Londen grote zalen uitverkopen. Noelle: 'Luc bewonderde dat enorm. Hij zag het ook als het begin van een nieuw tijdperk. Na de TC Matic-generatie kwam er nu een dEUS-generatie.'

Luc besloot een tijd aan de slag te gaan met een ander project. Hij was al jaren fan van Ashbury Faith, een driemansrockband die na drie albums op non-actief stond, en waarvan frontman Axl Peleman een nieuwe band had opgericht, Camden. Met Peleman en zijn band richtte Luc een nieuwe, Engelstalige groep op: Automatic Buffalo, naar een nummer van The Sheila Divine uit 1999. Ze maakten een demo en toen een ep, *All Men Are Equal*, waarvan de single in *De Afrekening* van Studio Brussel terechtkwam en waarmee Noelle naar de platenbaas van Columbia ging. Die was teleurgesteld in de verkoop van de twee Gorki-albums bij zijn platenmaatschappij. *Ik ben aanwezig* en *Eindelijk vakantie!* hadden het aanmerkelijk beter gedaan dan *Monstertje*, maar Columbia had gehoopt van Gorki weer een band te maken met de verkoopresultaten van het debuut en *Hij leeft*. Dat was niet gelukt, evenmin als de doorbraak in Nederland, ondanks de juichende recensies. Gorki was in Nederland een band die op een aantal vaste plekken (van noord naar zuid: de kleine zaal van Paradiso, Tivoli in Utrecht, Doornroosje in Nijmegen, Mezz in Breda, later ook de Muziekgieterij in Maastricht) een volle zaal kon trekken, maar daarbuiten nergens. Nooit stonden ze op een relevant festival, en op een gegeven moment verklaarde Luc ook in interviews dat de band geen behoefte had om 'voor een broodje kaas en een kan met karnemelk naar Groningen af te reizen om daar te spelen voor dertig man en een paardenkop', en dat Gorki Nederland officieel had opgegeven.

Nee, het uitgeven van een Engelstalige plaat van de zanger van Gorki zat er niet in, kreeg Noelle te horen. Hij besloot het zelf te doen, op een speciaal hiervoor opgericht label van zijn eigen bedrijf Lipstick Notes. Het album van Automatic Buffalo werd in de Benelux gedistribueerd door platenmaatschappij PIAS, maar daarbuiten niet, wat betekende dat in andere landen het album niet uitkwam, precies waar het Luc nu juist allemaal om te doen was. Hij ging zelf naar Engeland, om samen met vriend Bruno het album hoogstpersoonlijk af te geven bij de BBC. Als hij met Sandra naar *Later with Jools Holland* zat te kijken, zagen ze altijd een grote band, een kleinere, en dan nog vaak een band uit een niet voor de hand liggend land. Kortom, je wist maar nooit.

Automatic Buffalo leek op Gorki, maar dan met minder bijzondere teksten, gezongen in Engels met een accent, en zo werd het dan ook ontvangen. Maar Luc was er trots op, speelde een zomer lang op festivals met andere muzikanten, en had daarna weer veel zin in Gorki.

Luc zei tegen Sandra dat hij echt wel wist hoe zo'n tour langs Britse zaaltjes uit het C-circuit eruitzag, daar had hij verder geen romantisch beeld van, daar lag het geluk niet. Sandra: 'Maar daar ging het hem ook niet om. Het was een heel belangrijk project voor Luc. Na iedere plaat van Gorki kwam er een crisismomentje, een dip. Ook na *Eindelijk vakantie!*. Hij had het al jaren over zingen in het Engels. Ook omdat hij ooit zo begonnen was, en omdat hij het schrijven van Nederlandse teksten aartsmoeilijk vond.

Hij was echt fier op de plaat. Wat met dEUS gebeurde, uit de Vlaamse klei en dan zalen in Engeland volspelen, wat met die golf aan Scandinavische bandjes gebeurde die overal in Europa doorbraken... Hij kreeg het idee: je weet maar nooit. Dat hij het, zoals alles, achteraf kapot relativeerde, wil niet zeggen dat hij er niet ambitieus in was. Hij had even een andere uitlaatklep nodig dan Gorki, en wilde vooral bewijzen dat hij dat kon.'

Noelle had weinig illusies over de kansen voor Automatic Buffalo buiten het eigen land. Hij had als manager van Arid mogen ruiken aan het krachtenveld van internationale meetings waar vertegenwoordigers uit Engeland, Frankrijk en Duitsland met getallen gooiden waar de delegatie uit België alleen van kon dromen. Dus toen Columbia na *Eindelijk vakantie!* het contract niet verlengde, ging hij niet meer op zoek naar een platenmaatschappij. Voortaan was Noelle niet alleen de manager van Luc, de manager van Gorki, de publisher en tourmanager, maar ook de platenbaas.

Er sloop een tamelijk vast ritme in Gorki: om de paar jaar een nieuw album, groots gepresenteerd in een prestigieuze zaal (de Vooruit, de AB) met een optreden waarvoor zo kortstondig was gerepeteerd dat in de goede gevallen op de avond zelf door adrenaline alles wonderlijk in elkaar viel, en in de minder goede gevallen niet. Een clubtour, in de zomer de festivals en in de winter de theaters in. De verhoudingen waren ook duidelijk: beslissingen werden uiteindelijk genomen door Noelle en Luc, na overleg met de rest. Bij Gorky waren alle leden nog samen met Noelle onderdeel van een vennootschap, daarna niet meer. Het bedrijf Gorki bestond uit Luc en Noelle.

De invloed van Noelle was groot: hij besliste als tourmanager mee over de setlist, hij stond na de show in de coulissen om aan te geven uit hoeveel nummers de toegift moest bestaan, hij besliste als platenbaas of de tijd rijp was voor een nieuw album, en wat de singles werden. Met de teksten bemoeide hij zich niet. Heel soms maakte hij een opmerking over een tekst tegen Luc, die dan zei dat hij er nog even naar zou kijken, en vervolgens de tekst liet zoals die was. Met de muzikale inhoud bemoeide Noelle zich ook niet in detail, maar verder ging hij over alles. En de afspraak was: iedereen mocht doen wat hij wilde, maar Gorki ging altijd voor. Punt.

Dat dit allemaal onomstreden was, kwam niet doordat Noelle zo'n joviale persoonlijkheid was. Luc beklaagde zich er weleens over dat Noelle te streng was over zijn gedrag op het podium, dat Noelle 'paljasserij' noemde. Noelles primaire taak was deze band en deze zanger managen, en Luc wist dat niemand dat ooit zo toegewijd zou kunnen. Noelle kon aan Lucs uitspraak horen of hij het meende als hij hem voor 'kalf' uitmaakte, en of het werkelijk in orde was als Luc zei dat het in orde was. Hij beschouwde het evenmin als zijn taak om zich bij de hele buitenwereld populair te maken, en dat was hij dan ook niet. 'Noelle de neezegger' was bij veel mensen zijn bijnaam, ook vanwege de stoïcijnse manier waarop hij dat nee meedeelde.

Luc had Noelle nodig. Met name bassist Erik wist het meteen als Luc ergens in zijn eentje een kleinschalig optreden deed en Noelle er niet bij was. Dan belde Luc hem op: of zijn gitaar bij Erik lag? Of alle snaren erop zaten? En later, op de plaats van bestemming opnieuw: hoe dat pedaal precies werkte?

Lucs vriend Bruno kreeg geregeld van Luc te horen wat hij nou weer allemaal niet mocht van Noelle, of juist móést. Bruno dacht er het zijne van: hij wist dat Luc het ook wel fijn vond om enigszins kort gehouden te worden, dat hij niet voor niets had gekozen voor twee van zulke persoonlijkheden op de twee belangrijkste posities in zijn leven. Getrouwd zijn en een manager hebben: dat betekende ook dat Luc zelf dagelijks allerlei besluiten niet meer hoefde te nemen. Noelle: 'Luc ging alles uit de weg. Gewoon álles. Ik veronderstel dat hij vroeger, toen hij klein was, door zijn moeder en zijn oudere zusters in bescherming werd genomen. Meteen vanuit die situatie is hij in een popgroep terechtgekomen waar alles werd geregeld door de manager en ook nog een beetje door de andere muzikanten, en toen kreeg hij ook nog een vriendin die alles voor hem regelde. Zijn hele leven, kortom, is alles voor hem geregeld. Wat zeker niet wil zeggen dat je alles voor hem kon regelen zonder zijn toestemming.'

Had Bruno al eens de neiging om te denken dat Lucs geklaag over Noelle terecht was, dan hield dat op toen Luc werd uitgenodigd voor *Hotel Regina*, het televisieprogramma van Carl Huybrechts tijdens het EK in 2008. Luc mocht naar de wedstrijd Nederland-Roemenië in Bern, kreeg een hotel voor drie dagen en ook nog betaald. De enige tegenprestatie: op tijd in de televisiestudio zitten. Noelle kon niet mee, Sandra ook niet. Bruno speelde drie dagen lang Lucs manager.

Hij was eraan gewend dat als je met Luc naar zee zou gaan, hij zijn zwembroek niet bij zich had. En hij wist dat als je met Luc ging wandelen in de bergen, hij eenmaal boven zijn dikke trui bleek te zijn vergeten. Hij was ook gewend aan de manier waarop Luc met afspraken omging. Luc had geen agenda, daar begon het al mee. Noelle maakte de agenda van de band en van Lucs andere activiteiten, en Sandra zorgde ervoor dat Luc die onthield. Bruno had het al meegemaakt dat ze hadden afgesproken samen naar een voetbalwedstrijd te gaan, en dat Luc dan niet kwam opdagen. Thuis opnemen deed hij niet, een mobiele telefoon had hij niet. Hij was ooit met vriend Wim Defoort naar de bioscoop gegaan, en die werd tijdens de film gebeld omdat hij thuis een kind ziek had, waarop hij de film moest verlaten. Aan iedereen legde Luc aan de hand van precies deze anekdote uit waarom hij niet de hele tijd gestoord wilde worden door een mobiele telefoon. Wim, lachend: 'Ik hoorde later van verschillende mensen dat Luc die dag had besloten dat hij geen mobiele telefoon wilde. Aan mij zelf heeft hij dat nooit verteld.'

Als Bruno hem er later op aansprak dat hij niet was komen opdagen, dan mompelde hij iets over een stuk dat nog af moest, of zijn moeder die had gebeld. Bruno, glimlachend: 'Luc kon echt op zondag tegen me zeggen: "Ik moet nog naar de bank", terwijl de banken dan dicht waren. Maar onze vriendschap was gebaseerd op het feit dat wij elkaar apprecieerden, en daar hoort ook een zekere bewondering voor elkaars slechte eigenschappen bij.'

Dat was cruciaal in een vriendschap, relatie of werkrelatie met Luc: de ander moest de eigenaardigheden van Luc waarderen, want onderhandelbaar waren ze niet.

Herman Brusselmans wist niet wat hij meemaakte toen hij een keer uit ging eten met Luc en Sandra, en Luc opeens van tafel ging. 'Dat is toch raar? Zelfs onbeschoft.' Maar Sandra was het duidelijk gewend. Lucs vrienden Wim Defoort en Jan Bekaert merkten dat het sommige mensen verwarde, die dachten dat ze iets verkeerds hadden gezegd. Maar zelf wisten ze allang niet beter. Luc vond dat ritueel van afscheid nemen lastig, dus dat deed hij niet, hij was gewoon opeens weg. En ook snél, als de sfeer niet meteen naar zijn zin was. Sandra probeerde hem weleens te verleiden langer te blijven als op een feestje de stemming er nog niet in zat bij aankomst, maar tevergeefs. Zijn vrienden hadden er niet alleen een vaste term voor, 'de snor drukken', maar er ook een spel van gemaakt, waarbij het erom ging weg te gaan zonder dat de anderen het in de gaten hadden. Zijn favoriete methode was om naar het toilet te gaan en dan gewoon nooit meer terug te komen. Bij Bekaert en Defoort lukte dat allang niet meer: die gingen dan mee naar het toilet. Of even mee naar buiten als hij ging roken.

Op een verraderlijk non-assertieve manier was Luc heel dominant: hij vroeg nooit om het te doen zoals hij het graag wilde, maar als het niet ging zoals hij het wilde, was hij snel weer weg of kwam hij überhaupt niet. Wie Luc en Sandra uitnodigde om te komen eten, wist wat Luc graag at en hield daar rekening mee. Zijn vriendengroep met Wim, Bruno en Jan ging op vakantie naar plekken waar Luc graag heen ging, anders ging hij niet mee. Hij regelde het ook niet: hij stelde het voor en wachtte dan af tot anderen het deden. Zo ging het bij Sandra, zo ging het bij Noelle, zo ging het bij zijn vrienden. Hoe langer hun relaties en vriendschappen, hoe minder woorden eraan gewijd hoefden te worden: de voor- en afkeuren van Luc op ieder gebied waren immers bekend en verre van veranderlijk. Als hij ergens had gegeten waar ze lekker konijn maakten, wilde hij voortaan alleen daar konijn eten. Als hij een avond met Sandra en vrienden geweldig vond, wilde hij de keer erna precies hetzelfde doen, en was hij teleurgesteld wanneer dezelfde opzet met dezelfde mensen niet per definitie dezelfde avond opleverde.

Ook in zijn lol speelde die herhaling een grote rol. Toen Luc, Jan, Bruno en Wim in Straatsburg vier koffie bestelden en de bediening kwam melden dat ze er helaas maar drie konden maken omdat ze 'een tassentekort' hadden, werd 'De Tassenschaarste van Straatsburg' een gevleugelde term, die jaren later nog steeds vermakelijk was om ander leed in de wereld mee te relativeren.

Jan: 'Het grappigste was als Luc zei: "Op mij moet je niet letten." De manier waarop hij dat zei en de timing ervan maakte dat iedereen juist wel op hem lette. Dat zinnetje betekende altijd: jongens, zorg dat het in orde komt voor mij. Eerst een opmerking maken over hoe iets precies gekookt moet worden, en dan toevoegen "maar met mij hoeft u geen rekening te houden". Dan hield dus iedereen rekening met hem.'

Bruno leerde in *Hotel Regina* dat Luc een uur voor aanvang van de opnamen erop gewezen moest worden dat hij een uur later geacht werd klaar te zitten in de studio. Het was veel werk, maar hij vond het hilarisch. Hij was voor een paar dagen de tourmanager van Luc, de man die geen horloge droeg, geen mobiele telefoon bezat, nooit geld bij zich had, altijd de gebietste sigaretten van anderen rookte en die geen enkele afspraak onthield. 'Ik heb daar eindelijk begrepen hoe enorm die taak van Noelle was.

al die jaren. Als we samen een dagje naar Rotterdam gingen of samen op vakantie, was er niks aan de hand. Maar als je geacht wordt om stipt 18.33 uur piekfijn in pak in de televisiestudio te zitten en je voor te bereiden, dan wel. Ik heb Luc elke minuut van de dag en nacht in toom moeten houden om het goed te laten verlopen. Als je drie kwartier van tevoren tegen hem begon te zeggen dat hij klaar moest zijn, moest je dat vervolgens elke tien minuten herhalen. Hij liep anders gewoon weg, was er met zijn kop helemaal niet bij. Totaal afwezig. Die chaos was er ook als hij niet dronk, die stond volledig los van de alcohol. Echt ongelooflijk.'

Noelle, voor wie Bruno sindsdien niets dan ontzag had, vroeg Luc of hij peter wilde worden van zijn dochter. Dat wilde hij wel. Vervolgens bakte hij er niks van: hij vergat zelfs haar verjaardagen. En als hij haar al eens geld wilde geven, bleek dat hij geen geld bij zich had en moest hij het ter plekke eerst aan Sandra vragen. Noelles dochter Luna zag dat de peters van andere kinderen weleens leuke dingen met ze deden, en beklaagde zich bij Noelle. Was Luc nu de rest van haar leven haar peter? Nee hoor, zei Noelle: ze kon hem ook ontslaan. Daar had ze nog nooit van gehoord, dus ze vroeg of dat echt kon. Ja hoor, zei Noelle: dan moest ze Luc gewoon een brief schrijven waarin ze hem ontsloeg. Ze begon aan een brief, en Noelle hielp haar. Een paar dagen later zei Luc tegen Noelle dat hij een brief van zijn dochter had gekregen. Hij keek er enigszins beteuterd bij. Wat stond daar dan in, vroeg Noelle. Dat ze me ontslaat als haar peter, zei Luc. Noelle antwoordde dat ze dan blijkbaar niet content met hem was. Luc had dat nog nooit gehoord, zei hij. Noelle beaamde dat alleen.

Van de zoon van Wim, Bo, was hij ook peter. Die kreeg ieder jaar een cadeau. Van Sandra.

***

De theatershows van Gorki stonden ver af van de gemakzucht waarmee een rockband doorgaans het theaterpodium betreedt: vervang de stokjes van de drummer door kwastjes, de elektrische gitaren door akoestische en klaar. Noelle pushte de band steeds verder om met iets nieuws te komen, iets anders, zowel visueel als muzikaal. Dat muzikale lukte altijd, het visuele ook, maar alleen omdat hij het zelf bedacht. Zoals ook de cd's van Gorki, sinds ze die zelf uitbrachten, vaak verschenen met technische gimmicks, zoals een bijgeleverde lege cd om het origineel zelf te kopiëren, of een meegeleverde cd-rom en diskette waar de teksten en *liner notes* op stonden.

Zeer inventief was de derde theatertour na het album *Vooruitgang*, waarbij de leden van Gorki op videoschermen werden bijgestaan door virtueel aanwezige gastmuzikanten. Bij de afsluitende show in het Capitole in Gent had Noelle een circusolifant in de coulissen laten zetten, die tijdens 'De olifant is grijs' het podium op kwam. De band wist van niks en schrok zich rot. Luc had wel al gezegd dat hij vond dat het raar rook op het podium. Muzikaal nog inventiever was de laatste theatershow, met Tom Pintens en Stijn Cole. Zonder drumstel, maar met een beatbox en een Wii-spelcomputer.

Tijdens het zomerseizoen na *Vooruitgang* stond Gorki geboekt op een festival op 11 juli, de Feestdag van de Vlaamse Gemeenschap. Noelle liet in het contract opnemen dat er geen Vlaamse vlaggen op het podium mochten hangen. Die werden voor Gorki's show dus verwijderd, en daarna weer opgehangen. Het haalde de krant, ook omdat Willem Vermandere dezelfde dag dezelfde eis stelde bij een feest op de Grote Markt in Brussel. Het Vlaams Blok sprak er in de krant schande van dat Gorki 'Vlaams-vijandige eisen' had gesteld op een gesubsidieerd festival. Toen Gorki nog Gorky was, hadden ze ook al eens zoiets meegemaakt. Toen had Luc nog wat olie op het vuur gegooid door het publiek in het Frans toe te spreken. Dat liet hij nu achterwege. Het was niet dat Luc het verband tussen nationaliteit en identiteit ontkende, lichtte hij de journalisten toe. Hij vond het alleen geen prestatie om ergens geboren te zijn. Bovendien: het had maar een kilometer of tien gescheeld of hij was als Hollander ter wereld gekomen – dát was pas erg geweest.

De opvolger van *Vooruitgang*, *Plan B*, deed het nog beter, ook omdat de single 'Schaduw in de schemering' een grote radiohit werd: het nummer kwam op 1 in *De Afrekening* van Studio Brussel.

Het refrein van dat nummer was al eerder opgeschreven, in Lucs column 'De tijd der seringen', waarin hij beschreef hij hoe op een lenteavond door Gent wandelde: 'Ik liep als een schim door de schemering. Als een schaduw in het schijnsel van het noorderlicht.'

De band had zich al weken stukgebeten op het nummer, omdat iedereen enthousiast was over de tekst en melodie, maar de uitvoering maar niet goed kreeg. Uiteindelijk stelde Luc voor om het dan maar als een solonummer op te nemen. Noelle noemde dat een 'lamzakkenoplossing' en kondigde aan dat het nummer dan niet op de plaat zou komen, maar op een B-kantje. Luc Heyvaerts keek op de klok: nog een uur voor het avondeten. De rest van de band zat al aan het aperitief. Heyvaerts had in de studio een drumcomputer gevonden van TC Matic-veteraan Paul Couter. Daar programmeerde hij een drumloopje op, Luc speelde een gitaarlijntje in, en toen werd geroepen dat het eten klaar was, was de basis van het nummer af.

Het was een zeer atypisch Gorki-nummer, vond iedereen. Ook Noelle. Daarom moest het de single worden, oordeelde hij.

Ook wij, met Gorki, waren in het midden van de jaren negentig een beetje aan het einde van ons bobijn. Dat is het eeuwige probleem van een debuutplaat. Zo gaat het immers in de amusementsindustrie van de populaire muziek: als het een beetje meezit, krijgt men als beginnende band veel krediet met een eerste plaat. Het is allemaal nieuw voor de mensen, en dat vinden ze fijn. Maar vanaf plaat twee of drie komt er al meteen de klad in. Het is altijd hetzelfde, zeggen de mensen, we willen nu wel een keer iets nieuws. En dan richten ze zich meteen op de nieuwe hype van de week of de maand. Een heel menselijke en logische reactie, men kan dat de mensen niet kwalijk nemen. En dan is het een kwestie van volhouden. Want – en dat heb ik nu ervaren na al die lange jaren – wanneer gij als band lang genoeg blijft bestaan, beginnen de mensen u inderdaad als een soort instituut, als een van nature aanwezige entiteit te beschouwen. En dan hoeft gij niet meer zo nodig verrassend uit de hoek te komen. Er zijn oudere gasten die ons nog kennen van vroeger en veel jonge gasten die bij wijze van spreken nog niet geboren waren toen wij ons eerste hitje scoorden en die nu al onze oude en nieuwe platen gratis downloaden van internet.

Ik wil maar zeggen: de mensen worden u op den duur gewoon. En gij hoeft niet telkens weer het warm water uit te vinden. Gewoon uw goesting doen. Meer hoeft niet. Het schoonste voorbeeld is Arno: dat is ook al dertig jaar hetzelfde. Of Adamo, al veertig jaar hetzelfde liedje. En AC/DC. Altijd maar hetzelfde liedje. In het Amerikaans zeggen ze: 'Why fix it if it ain't broken?'

Nu staan we dus met onze nieuwe hitsingle weer nummer 1 in De Afrekening, als een roedel jonge honden van twintig. Niet slecht voor een bende oud-strijders die nog de Koude Oorlog hebben meegemaakt. In de volgende decennia zullen wij, indien het God belieft, nog meer van hetzelfde brengen.

(Uit: 'Immer weer hetzelfde lied', opgenomen in *Het werk van de duivel*)

'Donkere stille gangen' was een nummer dat eigenlijk niet door Luc Heyvaerts' plagiaattest was gekomen. Dat was een standaardprocedure in de studio: Heyvaerts, die de kwaliteit had om alle muziek die hij ooit had gehoord op te slaan in zijn geheugen en nooit meer te vergeten, moest bij ieder nummer dat ze schreven nagaan of het niet al een keer eerder gemaakt was. Wat iemand uit Wippelgem in de eenentwintigste eeuw schreef, kon iemand uit Wisconsin dertig jaar eerder ook al hebben geschreven. Gewoon toeval, of vanwege het nu eenmaal beperkte aantal akkoorden in de popmuziek. Bleek uit Heyvaerts' plagiaattest dat een nummer eigenlijk al bestond, dan konden ze er nog steeds voor kiezen het zelf ook op te nemen. Zoals in het geval van 'Donkere stille gangen', dat in 1983 al bleek te zijn gemaakt door Tom Waits, onder de titel 'In the Neighbourhood'.

Naast de 'plagiaattest' hadden ze wel meer eigen termen in de studio. 'VerdEUSen' bijvoorbeeld: de schoonheid van een nummer bewust onderuithalen. TC Matic en dEUS waren immers terugkerende voorbeelden. Belgische bands met veel commercieel succes zonder dat ze plat klonken. Sterker nog, de grootste hit van dEUS was een nummer dat begon met een valse viool die klonk als een sirene.

Het verstrijken van de tijd en alles dat verdwijnt: dat was een rode draad door het album. Lucs kostschooljeugd, bezongen in dat 'Donkere stille gangen'. Het einde van zijn jeugd, waar hij het woord 'Engeland' voor gebruikt (bassist Erik, op samenzweerderige toon: 'Het land der engelen, bedoelde Luc daarmee'). Zijn eigen onwennigheid met moderne communicatiemiddelen en jongerencodes. Het koesteren van het beeld van zichzelf op de bank met Bruno, samen kijkend naar *Jungle Book*. De dwingende eenzaamheid van het invullen van een kruiswoordpuzzel, en het antwoord op ouder worden: 'Het antwoord is plan B / Berusten in dingen die voorbijgaan / Berusten in wat je hebt gehad'. En omdat plannen niet uitkomen en verdwijnen, sierde Brezjnev het cd-hoesje. Op het album erna, *Homo erectus*, stond een ander Sovjet-icoon op de cover: Joeri Gagarin. Nog zo'n symbool van een poging om de menselijke geschiedenis te veranderen.

Tijdens de opnamen van *Plan B* had Luc het idee TC Matic-gitarist Jean-Marie Aerts mee te laten spelen op het album. Noelle benaderde hem, en hij was vereerd. Zeker sinds hij TC Matic live had gezien in de Vooruit, was Luc een groot bewonderaar van de band, en van Aerts in het bijzonder. Die schaamde zich diep toen Luc hem vertelde dat hij hem als jonge fan na dat concert in de Vooruit had durven aanspreken in een frituur, en dat Aerts hem had afgesnauwd. Aerts vond het wel amusant dat Luc ervan overtuigd was dat TC Matic had bestaan uit beesten van mannen, die leefden volgens alle clichés van seks, drugs en rock-'n-roll.

Eenmaal in de studio deed Aerts precies waar Luc op had gehoopt: voor twee Marshall-torens een paar fantastische solo's inspelen, die Gorki geheel naar eigen inzicht mocht gebruiken.

Toen ze het volgende album opnamen, vroegen ze Aerts terug, maar nu als producer. Op 21 juni 2005 nam Luc met zijn gitaar plaats aan de tafel in Aerts' woonkamer in Aarschot, en samen maakten ze muziek, draaiden ze platen en dronken ze cava. Luc in een tempo dat Aerts zelden had gezien. Het begin van *Homo erectus* was er. Uiteraard riep Luc ook nu dat de plaat 'hard' moest worden, en Aerts kreeg de indruk dat de ideale drummer voor Gorki wat Luc betreft eigenlijk Keith Moon heette, of eigenlijk nog meer de naar Moon gemodelleerde Muppet Animal. 'Hij wilde het niet alleen hard, maar ook wíld.'

erts wilde een sober klinkend album, een beetje zoals de oude laten op het Stax-label: je hoort een band spelen en niet te veel edoe daaromheen. De heavy gitaarriff waar het album mee pende, liet blijken dat dat was gelukt. Aerts wilde niks weten van noderne studiotechnieken als autotune, die inmiddels gebruikt verden om vocalen bij te werken wanneer die neigden naar vals.)e vocale assistentie van Patrick Riguelle wees hij ook af. Aerts vas van de oude stempel: goed voorbereiden, de nummers heel eel repeteren, en er dan in de studio niet al te veel meer aan prut-en. Hij vond het ook leuk, repeteren met deze band van twee ucs en twee Eriks. En niet alleen omdat bassist Erik hem steeds eed denken aan Derek Small, de bassist van Spinal Tap. 'Lekker, o'n bassist die gewoon weet wat hem te doen staat. Nooit gedoe.' /an de nummers was Aerts het meest onder de indruk van 'Mijn ude hart'. 'Dat pakte me echt. België heeft een lange traditie an striptekenaars als Hergé en Morris. Luc hoorde daar met zijn eksten ook een beetje tussen, vind ik. Het was altijd een beetje urrealistisch. Zulke teksten maken ze in Nederland niet. Niet dat iet moeilijk is, het is zelfs redelijk simpel. Maar je moet er maar p komen, die verbeelding van zo'n tekst als "Mijn oude hart".'

Collega-schrijver Zaki deelt die analyse van Aerts: 'Zo'n nummer als "De zomer van de liefde", waarin hij zingt dat hij als ongetje verliefd werd op een andere jongen: zo typisch De Vos. We zijn niet het een óf het ander, we zijn iets anders wanneer le omstandigheden veranderen – daar komt het vaak op neer. Hij zingt vaak over de echt menselijke waarden. Luc spreidt in ijn tekst het bedje, maar je moet er zelf in gaan liggen. Mensen eggen soms dat hij geen groot zanger was, maar ik vind juist an wel: hij zingt alsof hij afziet, de hoeken zijn scherp. Daar ragen zijn teksten ook om: zelfs wat er schoon in is, doet een beetje pijn.'

Omdat Aerts en Luc zo enthousiast waren over de plaat e over elkaar, en omdat ze ontzag hadden voor Aerts' enorme mu zikaliteit, vertelden Noelle en Luc Heyvaerts niet dat ze de voca len op een zondag alsnog bijwerkten, zoals Noelle zonder Aerts medeweten ook de eerste single 'Joerie' opnieuw liet mixen i de studio.

Aerts moest zelf later de band ook corrigeren, toen hij me zijn vrouw ging kijken naar de theatershow waarin hij zelf vi een videoscherm een solo speelde. Hij zakte bijna door zijn stoe toen hij hoorde dat de solo op de verkeerde tel werd gestart. 'Da klonk nergens naar, het klopte echt voor geen kant.' De hele tou lang was nog geen van de bandleden van Gorki dat opgevallen.

We staan met onze nieuwe single alweer helemaal op nummer één in De Afrekening *op Studio Brussel. Dat is een alternatieve hitparade voor jonge gasten met skateboards die in normale omstandigheden fan zijn van Green Day en Rammstein. U kunt zich voorstellen hoe verheugd ik was. We zijn al zo lang bezig en nog steeds hebben ze ons niet onder de zoden gekregen. We zijn nog altijd nummer één bij jongens en meisjes die op school zitten en het kruim van onze natie vormen met hun onmogelijke dromen, hun blinde zoektocht naar de liefde. (...) De vreugde van de dag werd pijnlijk verstoord door een bericht dat ik las in de krant. Daarin verkondigde Stijn Meuris zijn mening over onze nieuwe plaat* Homo erectus. *Die mening was negatief. (...) Deze mening was totaal tegengesteld aan mijn eigen mening. Ik vind onze nieuwe plaat uitstekend omdat er allerlei goeie liedjes op staan. Ik ging voor alle zekerheid nog een keer luisteren want men weet het nooit. Men kan zich lelijk verkijken op zijn eigen gewrochten. Na afloop van de luistersessie was ik er nog steeds van overtuigd: er was niks mis met die plaat. Misschien dienden we*

de volgende keer toch een andere zanger te nemen om de liedjes te zingen, maar dat zou misschien wat overdreven zijn. Maar nu was wel heel mijn dag om zeep. Het huilen stond mij nader dan het lachen. Ik dronk een paar tripels van Westmalle, maar het bier smaakte mij precies niet, ik werd er eigenlijk nog triestiger van. Al die misère die ik tegenkom in mijn leven, is er dan geen geluk voor mij weggelegd op mijn levenspad, zo zat ik te denken.
(Uit: 'Een snood plan', opgenomen in *De roes van het heden*)

Het tekstboekje van *Homo erectus* staat vol met Vossiaanse wijsheden ('Ik formuleer ideeën / Dat is zoveel beter / Dan domweg gelukkig zijn'), ontgoochelingen ('Ik had zoveel bedacht van dit bestaan / Maar wie had er ooit gedacht / Dat het zo saai zou zijn'), jeugdsentiment ('De Dukes waren vrienden van jou') en moed der wanhoop ('Het wassende water komt / Maar ik zet zoden aan de dijk'). Maar het leek wel alsof Lucs hele visie op leven en dood samenkwam in die Rus op de hoes en in de single, Joeri Gagarin. Die was immers letterlijk opgestegen van de aarde, richting de hemel. Wereldberoemd werd hij, als eerste mens in de ruimte en in een baan rond de aarde. Om zeven jaar later om het leven te komen in zijn MiG, tijdens een trainingsvlucht. Dronken, volgens geruchten.

Muzikant Jan Swerts nam in 2013 het nummer 'Meer is er niet' op, vernoemd naar de cruciale zin uit 'Joerie'. In een open brief aan Luc legde hij feilloos uit waarom het nummer 'Joerie' zo briljant is: 'In dat meesterwerk herinterpreteer jij het vreemde lot van de kosmonaut Joeri Gagarin die, nadat hij als eerste mens een baan rond de aarde had gemaakt, op mysterieuze wijze om het leven kwam met zijn MiG-15-straaljager. Met prachtverzen als "Ik sta hier voor de hemelpoort, nergens is een god te zien", "Ik zag de zwarte gaten van het geluk" en "De winter komt, meer is er niet" suggereer je dat de USSR-held de oneindige kilte en zinloosheid van de ruimte met zich meenam naar de aarde en daar nihilistisch en ontroostbaar een einde aan zijn leven maakte.'

De dag voor de cd-presentatie bereikte 'Joerie' de nummer 1 van *De Afrekening*. Van de single verschenen twee clips: een 'dagversie', met een meisje voor de webcam in haar bh, en een nachtversie, waarin de beha uitging. De clip was een succes: de Gorki-site crashte zelfs toen het aantal dagelijkse bezoekers over de 10.000 schoot. In een kranteninterview zei Luc de clip zelf maar één keer te hebben gezien, om eraan toe te voegen dat hij moest toegeven dat het hem wel iets deed.

Het leverde wel een boos telefoontje van zijn moeder op: die had in de krant gelezen dat de band van Luc een seksclip had gemaakt.

Een paar jaar eerder, in 2003, was de moeder van Luc nog bozer geweest. Luc was naar Rock Werchter gegaan, vooral om Metallica te zien. Voor met name zanger James Hetfield had hij een groot zwak. Hij had zelfs ooit in de vorm van een open brief een ode aan hem geschreven:

Goede James,

Grote schone vent met uw walrussnor
Hoe schitterend staat gij daar in spreidstand
En overschouwt grijnzend uw troepen
Met uw gitaar als een kanon in de aanslag
Lieflijk klinkt uw bulderstem door de nacht
Ik wou dat ik was zoals gij:
Genadeloos, vrij van bange gedachten
Woedend, razend op deze wereld

Waarin niets ooit volmaakt kan zijn
Woeste vriend,
Ooit was de fles uw beste maat
Laat ons met pompwater klinken
Op het gebulder en gedaver
Op duizend bommen en granaten
Op het geweten van Amerika dat gij zijt
Mijn held, gij eeuwige Siberische jager

Vossieboy from Belgium

Het was een warme dag en backstage liep Luc, zoals wel vaker, rond met ontbloot bovenlijf. Hij kwam de burgemeester van Werchter tegen, en die bleek hoog bezoek rond te leiden: prins Laurent. De burgemeester stelde de twee aan elkaar voor en Luc gaf de prins een hand. De prins kende Luc van televisie. Hij was een komiek, toch? Van dat moment werd een foto gemaakt, en die stond de dag erna in de krant. Toen was Irma de Puydt werkelijk ontzet. Stond haar zoon in de krant met de prins, en dan met ontbloot bovenlijf! Had hij niet even een hemd kunnen aantrekken? En zich kunnen scheren?

Luc werd gevraagd voor de meest uiteenlopende klussen, gastoptredens en rollen, en werd soms ook regelrecht getypecast als de nationale nar, waarbij hij zich tot ergernis van Sandra geregeld ook veel dommer voordeed dan hij was. Ze wist wat hij intellectueel in huis had, en zag hem er soms toch voor kiezen de onnozelaar uit te hangen. Vos erbij, dat was altijd lachen, wisten programmamakers, en Luc deed wat er van hem werd verwacht. Lucs zangcoach Patrick Riguelle: 'Eigenlijk was Luc een punker volgens het motto van de Ramones: "Be smart, act dumb".'

Op andere momenten kwam door zulke verzoeken opeens zijn enorme kennis van de meest onwaarschijnlijke vakgebieden van pas, het rechtstreekse resultaat van jaren op de bank met een televisie en een encyclopedie. Hij leidde bezoekers rond in het Belgisch Centrum van het Beeldverhaal, en kon ze vertellen dat alleen in de jaren vijftig, zestig en zeventig mooie strips waren gemaakt, dat hij er zelf meer dan zeshonderd had, dat het voor hem allemaal was begonnen met *Alex* van Jacques Martin, over een blonde Kelt, waar hij een homo-erotisch sfeertje in meende te ontwaren. Hij was gids in het Gents Museum voor Schone Kunsten: Luc leidde mensen rond, schonk de meeste aandacht aan *De Kruisdraging* van Hiëronymus Bosch en liet vier keer het alarm afgaan omdat hij per ongeluk het schilderij aanraakte tijdens zijn verhaal.

Met een Arabisch gezelschap, El Ahwak, maakte hij een korte tournee met een mix van chansons, kleinkunst en etnische pop.

Hij deed zelfs mee met Night of the Proms. Dat wilde hij nooit, had hij altijd gezegd, tenzij Roger Daltrey van The Who ook mee zou doen. En toen deed Roger Daltrey mee. Tegen Sandra en Wim Defoort was hij lyrisch: deelde hij opeens het podium met de man van de musical *Tommy*, zo'n beetje de oerknal van zijn muziekliefde. Om een paar dagen later tegen Sandra en Wim te klagen over die Daltrey, die elke show de hele avond in zijn kleedkamer hing en maar tegen hem aan bleef praten.

Met Tom Pintens werkte hij aan de muziek voor het toneelstuk *Kaatje is verdronken*, geschreven door Alex van Warmerdam en opgevoerd door productiehuis De Kempvader. 'Ik vond het altijd al leuk dat Gorki redelijk anarchistisch en rommelig was,' zegt Pintens. 'Ik kom uit de klassieke muziek, de rauwe kant van popmuziek kende ik nog niet zo goed. Hoe Luc zong, dat kende ik ook niet. Alles eruit. Schreeuwen. Toen ik hem de eerste keren op het podium zag, vond ik hem een rare. Ik kreeg er geen vat op. Hij maakte een figuur van zichzelf, maakte er echt een show van. Ook met vijf lampen op zijn kop in een café kon hij daar nog staan alsof hij voor twintigduizend mensen speelde.'

Pintens en Luc tourden drie maanden mee met de voorstelling over een vader en een moeder die er alles aan doen om hun puberende dochter onder controle te krijgen, en speelden iedere voorstelling de nummers die ze er samen voor hadden geschreven. De voorstelling werd wisselend ontvangen maar druk bezocht, en de muzikale bijdragen die Luc en Tom hadden geschreven ontvingen alom lof. 'Luc kon echt verwonderd kijken naar de acteurs, staan te genieten in de coulissen. Avond na avond. Toen het einde van de tournee begon te naderen, wilde hij nog steeds de héle show zien, om het in zich op te slaan. Thuis praatte hij met Sandra de dialogen uit *Kaatje is verdronken* na. Dat zijn ze letterlijk nog jaren blijven doen.'

Luc werkte graag met Pintens, volgens Sandra en Noelle een van de zeer weinige mensen buiten Gorki bij wie hij zich op zijn gemak voelde tijdens het maken van nieuwe muziek. Zes jaar na *Kaatje is verdronken* maakten ze samen nog een ep, ter gelegenheid van het Willem Elsschot-jaar. Op het prachtig gearrangeerde *'k Heb in mijn jeugd gelijk een beest gezopen* zingt Luc, begeleid door Pintens, twee gedichten van Willem Elsschot en drie nieuwe nummers. Het was de aanleiding voor een solotournee die ruim een half jaar duurde.

Luc en Tom praatten veel over hun relatie, en over hun kinderen, waarbij Luc zich beklaagde over de enorme hoeveelheid huiswerk die de arme Bruno kreeg.

Ze gingen vaak in Gent naar bandjes kijken, en dat kon daar bijna iedere avond wel ergens. Het viel ook Tom op dat Luc eigenlijk altijd enthousiast was over jonge bandjes, alleen al vanwege het feit dat ze jong waren en met hun muziek hun plek in de wereld opeisten. Het leek soms wel of hij zijn jeugd wilde herbeleven door de ogen van anderen. Tijdens hun avonden samen werd Luc vaak aangesproken door vreemden. Pintens: 'Luc was heel geduldig met mensen, misschien zelfs te geduldig. Hij nam voor iedereen wel even de tijd. Alsof hij in principe geïnteresseerd was in iedere mens die hij tegenkwam. Misschien was dat de schrijver in hem: in ieder mens kon ook een goed verhaal zitten. Maar de popster, de man van "laat mij gerust", dat was hij nooit.'

Luc had een wonderlijke aantrekkingskracht op mensen die geestelijk niet volledig stabiel waren. Misschien door de aard van zijn publieke profiel, misschien door zijn teksten, misschien door zijn benaderbaarheid. Ze spraken hem aan of schreven hem brieven. Bij voorkeur lánge brieven. Die vier dichtbeschreven kantjes eindigden dan bijvoorbeeld met: 'Ach Vos, het is me allemaal wat. 2006, appartement in Turnhout, uitkering, vrijwilligerswerk, van de slechte vrouwen af door er heel veel over te schrijven (niet door erover te praten, met wie zou ik...), liters koffie, vele sigaretten en af en toe bier, liefst van de paters.'

Terugschrijven deed hij niet, maar in het café was hij een gewillig oor voor iedere vertegenwoordiger van welke onderklasse dan ook die hem eens uitvoerig zijn getroebleerde levensverhaal uit de doeken wilde doen. Noelle had weleens de indruk dat Luc de afstand van zichzelf tot die mensen kleiner inschatte dan anderen. Aan Sandra de taak het huis enigszins vrij te houden van al Lucs gelegenheidsvrienden.

Lucs associatief vermogen was zo groot, dat hij zich overal leek te redden. Toen *De Morgen* hem in 2005 naar het Sportpaleis stuurde om Clouseau te recenseren en hij daar veel Kempisch om hem heen hoorde praten, kon hij schrijven over alles wat die taal bij hem opriep: zijn ongemak onder al te gesoigneerde mensen, zijn voorkeur voor proletarische milieus. En ergens op de achtergrond zong Koen Wauters zijn lied.

Vrijwel elk jaar deed Luc mee aan de Big Jump: samen met enkele honderden andere Gentenaren bij Portus Ganda in de Leie springen om aandacht te vragen voor schonere waterlopen. Stond hij weer in de krant in zijn zwembroek, met zijn zwembril op zijn blije hoofd.

Noelle kreeg ook talloze uitnodigingen van tv-makers die 'iets' met Luc wilden doen. Vaak ging het uiteindelijk niet door. Luc vond alles best. Noelle hield in de gaten of het niet te ver buiten Lucs comfortzone lag, maar die comfortzone was indrukwekkend groot. In 2007 was Luc een van de vijf teamcaptains in het nieuwe programma *De Provincieshow*, gepresenteerd door Peter Van de Veire. In het programma namen de vijf Vlaamse provincies het tegen elkaar op, en Luc vertegenwoordigde Oost-Vlaanderen. Tegen Sandra klaagde hij thuis dat hij het vreselijk vond, maar tegen Noelle zei hij in dit soort gevallen altijd: als er van die één miljoen kijkers 10 procent naar mijn muziek luistert, en van die 10 procent koopt 10 procent onze cd, dan hebben we morgen tienduizend cd's verkocht! Bovendien, in wat voor achterlijke situatie hij ook terechtkwam, het was altijd goed voor een column, en daarmee nooit voor niets.

Er waren weinig tijdschriftrubrieken waar Luc niet een keer in had gestaan, en wanneer hij geen enkele affiniteit met het onderwerp leek te hebben, dan nog zat hij nooit om een anekdote verlegen. Een rubriek over design in zijn huis? Luc toonde de fotograaf zijn aardappelschilmesje. Nog van zijn moeder geweest, al vijftig jaar in gebruik, zelf werkelijk ontelbaar veel aardappelen mee geschild, ontworpen door Herder, de staalsmid uit Solingen, betere waren er niet, bovendien ontworpen vanuit niets dan functionaliteit, een criterium dat iedere ontwerper zou moeten omarmen, wat al die kunstcritici ook beweren... Iemand verder nog vragen?

Toen het vrouwenblad *Elle* voor het eerst in Vlaanderen verscheen, begon het met een verkiezing van 'tien mannen met de *Elle*-factor'. Lezeressen konden stemmen, de winnaar kreeg een groot interview in het blad. Luc was genomineerd, tussen onder meer Jan Leyers, Ozark Henry, Arno en Mauro Pawlowski. De tekst: 'Sexappeal? In het geval Luc De Vos moet je wel van een *je-ne-sais-quoi* spreken. Fysiek is het niet. Het duurde even voor zijn naam viel, maar die werd dan ook met vreugdekreten onthaald. Rocker, auteur, komiek...'

Luc won. Sandra moest een paar weken lang horen dat ze samenleefde met de meest begeerde man van Vlaanderen. En toen moest het tweejaarlijks landelijk onderzoek 'Smakers – jongeren en cultuur' van 2004 nog verschijnen, waarin de culturele voorkeuren van Vlaamse jongeren werden onderzocht, Er was onder meer een top vijf van cultfiguren samengesteld. Op één: Luc. Boven Quentin Tarantino, en vier plaatsen boven Tom Barman.

In het jaar van Lucs foto met prins Laurent kwam 'Mia' voor het eerst op 1 in *De Tijdloze* van Studio Brussel. Voor Nirvana. En ook in de *100 op 1* van Radio 1. Voor Brel.

Journalist Hannes Cattebeke vond het maar niks, en schreef in *De Morgen*: 'Dat StuBru zich echter nog altijd gelukkig verklaart met deze gang van zaken tart elk verbeelding. De intro van "Mia" blijft een leuke ervaring, maar reikt met moeite aan de enkels van hoe Deep Purple bijvoorbeeld zijn "Child in Time" inzet.

De luisteraar van de jongerenzender moet natuurlijk doen wat hij of zij niet laten kan, maar voor de geloofwaardigheid van de muziekwereld zou het toch beter zijn als "Mia" binnenkort weer verdwijnt naar een plaatsje tussen de dertig en veertig.'

In dezelfde krant werd Luc bij dezelfde gelegenheid geïnterviewd door Bart Steenhaut. 'Eerlijk gezegd: ik kan me er ook mateloos aan ergeren wanneer u uw eigen nummers live compleet in de prak staat te spelen. En dat gebeurt nogal eens.' 'Gaan uw teksten altijd ergens over? Mij valt het alleszins niet mee om er een touw aan vast te knopen.' 'Is het gevaar van uw vakmanschap niet dat u te veel op hetzelfde niveau blijft kabbelen? U schrijft geen echt slechte songs meer, maar u hebt geen nummers meer die eruit springen.'

Typisch Luc: hij ging niet in de tegenaanval, maar gaf de strijd bij voorbaat op. 'Ik moet toegeven dat ik het zelf soms ook niet weet.' 'Daar moet ik inderdaad geweldig voor opletten, en misschien heb je wel gelijk en doe ik geen echt goeie dingen meer.'

Na de soort-van-vraag 'volgens mij hebt u een liefde-haatrelatie met "Mia". U gooit er vaak met de pet naar wanneer u het live speelt', verzon Luc gewoonweg een verhaal, en vertelde hij dat inderdaad precies dit de reden was dat Gorki hun platendeal bij Virgin was kwijtgeraakt.

Nu was Steenhaut niet de enige die vond dat Lucs liveprestaties wisselden. Het kwam vaak terug in recensies van liveshows, vaak in combinatie met de suggestie dat hij beschonken was. Hij kreeg het ook weleens te horen van collega's, zoals Rick de Leeuw. 'Luc kon soms een nieuwe dimensie geven aan de uitdrukking "met de pet ernaar gooien". Dat vals zingen en zichzelf overschreeuwen vond ik een gratuite manier om met de wereld om te gaan. Als je zelf bewust vals zingt en vervolgens is de kritiek dat je vals hebt gezongen, heb je je daar dus al tegen ingedekt. Dat inbouwen van nonchalance is het vermijden van risico. Ik vond dat vaak zonde van de intentie van die eerste plaat. Daar zit weliswaar ook ironie in, maar uiteindelijk is het echt een hartenkreet.'

Luc was heel grappig op het podium, vond Noelle, maar hij had twee problemen: dosering en timing. Dat eerste kwam erop neer dat hij vaak te lang doorging, als niemand voorbij de derde rij nog een idee had waar zijn grap over ging. En het tweede betekende dat hij soms de spanningsboog van een optreden volledig om zeep hielp door eens lekker uitgebreid een verhaal te vertellen, soms ook nog zonder een clou, of midden ín een nummer. Honderden keren wees Noelle hem erop. Soms gaf Luc hem gelijk. Achteraf.

Noelle was ook strenger dan de bandleden, die vaak wél moesten lachen om wat Noelle steevast 'paljasserij' noemde. Dat kwam ook omdat Noelle vaak bij de geluidsman stond, dus ver van het podium af, en verder van Lucs onderonsjes met de band en de eerste rijen publiek.

Drie jaar bleef 'Mia' op 1 staan in de *Tijdloze 100*, daarna begon het nummer te zakken, waarop Noelle op een idee kwam dat bij de band sindsdien gold als een van zijn weinige niét geslaagde ideeën. Noelle stelde voor om vraag te creëren. Vraag naar 'Mia'. Het nummer dus een heel festivalseizoen lang niét live te spelen, zodat mensen het later dat jaar massaal zouden invullen in hun lijstjes om het maar weer te kunnen horen.

Op het eerste festival in het voorjaar speelde de band, zoals afgesproken, een toegift, maar zónder 'Mia'. Toen ze van het podium af liepen, begon het publiek te brullen en te joelen. De organisator kwam verhaal halen, Luc Heyvaerts vond de sfeer zo grimmig dat hij niet eens meer in het publiek iets ging drinken. De band had er geen goed gevoel bij. Maar Noelle hield vol. Het optreden erna liepen ze weer af zonder 'Mia' gespeeld te hebben, en het publiek begon opnieuw te schreeuwen, agressiever nog dan de eerste keer. Luc pakte zijn gitaar en liep terug het podium op, gevolgd door de band. Ze zetten het alsnog in. De rest van het seizoen eindigden ze hun set met 'Mia'.

V

Ik begrijp het zelf ook niet
Waarom ik zoveel dingen
Zomaar liet voorbijgaan
Ik deed mijn best zoveel ik kon
Maar kan ik het nog één keer overdoen?

Gorki – 'Spiegelbeeld' (van het album *Voor rijpere jeugd*)

Noelle en Luc hadden tot die dag eigenlijk nooit ruzie gehad. Het was zaterdagavond 27 juli 2013, en Gorki had deze zomer even een pauze tussen de optredens. Eens in de paar jaar laste Noelle een sabbatical in, inmiddels een gevleugelde term in de muziekindustrie.

Het album *Voor rijpere jeugd* (vernoemd naar de zedelijke quotering waarmee dagblad *De Gentenaar* in zijn jeugd televisieprogramma's indeelde: films voor de jeugd, films voor rijpere jeugd en films voor volwassenen) had vijf jaar geleden met 'Surfer Billy' en 'Veronica komt naar je toe' nog wel radiohitjes opgeleverd, maar van het laatste album *Research & development* werd nauwelijks iets gedraaid, tot grote frustratie van Luc. Hij was na *Hij leeft* altijd het meest trots geweest op zijn laatste plaat, maar met het door de hele band geschreven en zelfgeproduceerde *Research & Development* was hij uitzonderlijk tevreden. Eindelijk echt die bandplaat, eindelijk echt die hárde plaat. Openingsnummer 'Kamikaze' was een nieuwe klassieker in Lucs overtuiging.

Het gebrek aan airplay merkten ze. Minder publiek, kleinere festivals. Wel werd Gorki tot vreugde van Luc in 2012 opnieuw geboekt door Pukkelpop, het festival waar ze na de release van *Research & Development* al hadden moeten staan, maar wat na de tragedie met vijf doden door noodweer werd geannuleerd.

Het was bij Gorki's optreden zo druk dat de tent moest worden afgesloten, en het publiek zong 'Mia' nog door toen de band alweer backstage was. Noelle: 'Het evenaarde voor Luc zijn hoogtepunt tot nu toe: spelen op Rock Werchter.'

Af en toe een jaar niet spelen zorgde ervoor dat ze het jaar erna weer een goede tour konden doen, had Noelle bedacht.

Tijdens zo'n jaar rust kwam Luc vaak met een boek, en deed hij solo-optredens. Nu ook, op Kneistival in Heist, voor de shows van de eveneens Gentse zangeres Sarah Ferri, en Spinvis. Hij begon met 'Satan', van het laatste album, en daarna speelde hij 'Soms vraagt een mens zich af'. Heel druk was het niet. Noelle had het snel door: Luc ging vanavond voor de paljasserij. Hij onderbrak nummers, praatte langer dan hij zong, maakte fouten, raaskalde. Hij had een kater van de Gentse Feesten. Het was al de tweede keer deze zomer dat hij een optreden verknalde. Op de Gentse Feesten zelf had hij er ook niks van gebakken. De organisatoren hadden nota bene vooraf gevraagd of Luc niet dronken zou zijn. Daar was Noelle nog geïrriteerd over geweest: het was een groot misverstand dat Luc in lolligen doen op een podium dan ook vanzelfsprekend dronken was. 'Bovendien was het niet zelden de organisator zélf die dan voor het optreden met een fles wijn op Luc af kwam lopen.'

Snel na het optreden gingen ze terug naar huis, zoals altijd. Dat was al jaren de gewoonte. Noelle haalde hem op en zette hem thuis weer af. Heel veel mensen wisten niet eens dat Luc een rijbewijs had, zo weinig reed hij. En wie wel ooit naast hem had gezeten in de auto, stelde de keer erna voor om zelf te rijden. Was de auto van diegene volgens Luc een varkensstal, zoals de auto van zijn vriend Jan, dan reden ze eerst naar een autowasserij, waar voor vijftien euro de hele auto werd gewassen.

United Kashmir heette die wasserij, die het nog schopte tot titel van een Gorki-nummer.

Meestal sliep Luc op de terugweg, zoals hij op de heenweg vaak zat te lezen. Het leven van Luc bestond bij voorkeur uit rituelen. Pas in 2003 had hij zelf zijn eerste mail gestuurd. Sindsdien hanteerde Luc het meest grondige archiveersysteem dat maar mogelijk is: iedere mail gooide hij na het lezen of schrijven ervan weg. Zijn inbox was leeg, zijn uitbox ook. Sms'en, daar was hij tegen, maar met mail was hij toch wel blij, want dankzij mail hoefde je niet meer te bellen.

Zoals zijn mailbox eruitzag, zo wilde hij ook dat zijn huis eruitzag. Een lege tafel, een lege bank. Regelmaat, structuur. Als Luc schreef, zat hij boven op zijn werkkamer. Had hij honger, wilde hij koffie of een sigaret, dan kwam hij naar beneden en at, dronk of rookte in de keuken. Dat was de orde der dingen. Niet anders. Geen boterham boven de computer. Sandra was er al lang aan gewend. Al in een vroeg stadium van hun relatie had Luc haar dat duidelijk gemaakt, door haar op de tafel en de bank slingerende spullen op een stapeltje te leggen in een hoek van de keuken. Zonder er een woord aan vuil te maken. Toen Sandra dat uiteindelijk zelf maar deed, zei Luc dat hij behulpzaam wilde zijn door al haar spullen bij elkaar te leggen: zo kon ze alles gemakkelijk terugvinden.

Zijn sleutels zaten altijd in dezelfde broekzak: de linker. Al zijn sokken waren dezelfde wollen groene, die hij in het leger ook had gedragen. Andere sokken waren geen sokken.

Als hij met zijn vriend Jan Bekaert wat ging drinken en hij kwam er na een paar straten achter dat hij zijn stoffen zakdoek was vergeten, liep hij terug naar huis, waar die zakdoeken hun vaste plek hadden. En dan deed hij het licht aan en zette de radio hard, zodat inbrekers dachten dat er iemand thuis was. Altijd op de studentenradio Urgent.fm. Jan moest erom lachen: 'Iedere inbreker die 's avonds de experimentele muziek van die zender door het huis van Luc hoorde galmen, wist dat hij niet thuis was.'

Op vakantie gaan, dat doe ik niet graag. Ik weet dat ik met deze levenshouding veel mensen tegen de borst stuit. In wezen heb ik niets tegen dat rondzwerven op de aardbol op zoek naar avonturen, op zoek naar de wonderen van de natuur en boeiende vreemde culturen. Ik ben alleen veel te graag thuis. Thuis zit ik op mijn gemak. Ik weet waar de neusdoeken en de washandjes liggen. De lepels liggen in deze lade, mooi gerangschikt naast de pollepel en de kaasschaaf. Onder de pompsteen bevindt zich het afwasmiddel. Dat is een hele geruststelling.

(Uit: 'Sparen helpt niet', opgenomen in *Het werk van de duivel*)

Zo was het ook met de band: Gorki had in de loop der jaren haar routines gekregen. Wanneer geluidsman Patrick Demoustier de kleedkamer binnenkwam, wist hij al wat hij zou aantreffen: Erik, Noelle, Heyvaerts en de roadies rond de tafel, aan het kaarten. 'Asbakken op tafel, pintjes. En Luc op een zetel of op de grond, terwijl hij de krant las. Echt een gezellige Vlaamse bende.'

Net een kroeg, eigenlijk. Geen band waar Demoustier ooit mee werkte was zo ontspannen. Het was een gevleugelde uitdrukking geworden, 'op z'n Gorki's'. Het had een breed scala aan betekenissen, die zegswijze, maar geen ervan had te maken met stress, spanning of druk.

Wel met lol, alleen al omdat Luc ook een onwaarschijnlijke hoeveelheid oude schunnige Vlaamse liedjes uit zijn hoofd kende. Tientallen keren klonk 'Hete wijven voor de werkmens' door de auto. En die lol kwam ook terug op het podium. Zelfs ongemak leidde tot lol. Demoustier: 'Ik weet nog dat Biesen een keer diarree had en van het podium moest vluchten. Luc ging dat gewoon uitgebreid aan de aanwezigen uitleggen. Dus toen Biesen zo onopvallend mogelijk terug op het podium kwam, stond de hele zaal alleen naar hem te kijken.'

Ook het gewenste gitaargeluid ging op z'n Gorki's, want dat was sinds de opmerking in de Senegalese studio tijdens de opnamen van *Hij leeft* een geuzenterm geworden: Luc wilde een 'grasmachinesound'.

Luc was niet van de techniek, daar waren anderen voor. Toen Patrick en Noelle in de auto een keer overlegden over de techniek voor de komende theatertournee, opperde Noelle dat ze met al die gastmuzikanten op de schermen niet meer met monitors konden werken, maar moesten overstappen op *in-ears*. Luc lag op de achterbank half te slapen, half te luisteren. Patrick: 'Een paar dagen later vroeg Luc aan Noelle: waarom moeten we met Indiërs gaan werken, dat past toch helemaal niet bij de sfeer?'

Die in-ears kwamen er uiteindelijk. Luc kreeg zijn setje, bestaande uit de oordopjes, een doosje en een flesje vaseline om het inbrengen te vergemakkelijken. Luc had dat niet begrepen, en spoot het volledige flesje leeg. De koptelefoontjes van 700 euro waren in één keer kapot.

Was de show afgelopen, dan kwam Luc van het podium en bedankte hij Patrick. Vijfentwintig jaar lang, iedere show. En waren de bandleden in discussie na een optreden, dan wist Demoustier ook waar dat over ging. 'Nooit over de sound van een gitaar of zo, maar over de manier waarop je vlees moest bakken of mosselen moest bereiden. Je hoefde bij Gorki het woord "barbecue" maar uit te spreken, of hij stond klaar.'

Vooral Luc en Heyvaerts keken veel naar kookprogramma's en net als Noelle praatten ze veel over eten. Binnen Gorki was het volkomen geaccepteerd dat Luc midden tijdens de opnamen in de studio wegliep naar de tv, omdat hij had gezien dat het dagelijks kookprogramma van Jeroen Meus was begonnen. Niets kwam tussen Luc en Jeroen Meus, zelfs geen plaat van Gorki.

Organisaties met weinig geld die graag Luc wilde inhuren, kregen soms van Noelle het aanbod: geen gage, maar dan wel een goed restaurant. Maar dan écht goed. Geen brasserieën, waar Luc enorm op afgaf. Hij kon werkelijk kwaad worden van diepvriesvoer en fabrieksmayonaise. Sprak er personeel in restaurants zelfs op aan. Vriendelijk, maar zeer beslist. Als er al een bekeerling in Luc school, dan op culinair gebied.

Met zijn vriend Bruno kon hij uren praten over de juiste bereiding van gerechten, al had Bruno wel een bredere smaak. Wat niet moeilijk was: bij rijst begon Luc al moeilijk te kijken, exotischer werd het zeker niet. Luc was een culinaire xenofoob.

Ik maak mijn mosselen nog het liefst zelf klaar. Men moet zoveel belangrijke voorzorgen nemen bij het bereiden van deze tere zeevruchten. Er bestaan mensen die er wortelen bij doen, in de mosselpot. Dat mag niet. Maar ik begrijp dat wel, iedereen heeft zijn eigen recept van zijn moeder en die smaak uit uw jeugd, die raakt u nooit meer kwijt. Maar wortelen mogen er echt niet bij. Wortelen zijn groenten voor kinderen. U moet het aldus bekijken: rapen en soepvlees en mosselen en bier en zuurkool, dat is eten en drinken voor volwassenen. Hamburgers en chips en chocola en pureepatatten, dat zijn dingen voor kinderen. Ik zag onlangs een volwassen man die chocopasta op zijn boterham smeerde. Ik vernam dat deze man ook elke week zijn vuile was bij zijn mama brengt. Hij strooit ook hagelslag op zijn boterham. En af en toe drinkt hij voor het slapengaan een kop warme melk. Decadentie is niet noodzakelijk steeds in tegenspraak met beschaving. De decadentie is de kers op de taart van de beschaving. Maar er is een verschil tussen decadentie en zedelijke weekheid.

(Uit: 'Op reis naar overal', opgenomen in *De volksmacht*)

Noelle vond het geen probleem af en toe een show in te ruilen oor een goed restaurant. Ingewikkelder waren alle verzoeken vaar Luc 'ja' op zei terwijl hij eigenlijk niet wilde. Luc zei nooit ee. Als je 'ja' zei hoefde je nooit uit te leggen waarom niet, en aar ook niet over in discussie te gaan. Dus zei hij ja, en Noelle ervolgens nee.

Wat het moeilijker maakte voor Noelle, was dat Luc op veel erzoeken – zelfs om een liedje te komen zingen op een bruiloft an iemand die hij één keer had gezien – niet alleen ja zei, maar er ok aan toevoegde dat hij het zelfs gráág deed, en nog voor niks ok. Sommige mensen vroegen om zijn mobiele nummer, wat ij niet had. Hij gaf ze dat van Noelle. Die sprak Luc er geregeld p aan dat hij nog nét niet had aangeboden het huwelijksfeest te etalen, maar er veranderde nooit iets.

Dat gold eigenlijk ook voor de paljasserij. Maar die avond in Heist was Luc te ver gegaan.

Hij had een gecompliceerde verhouding met drank, dat wist edereen rond de band, en Noelle en Sandra wisten dat al helemaal. Het probleem was vooral dat hij steeds slechter weinig kon drinken. Dus dronk hij veel te veel, of juist helemaal niet. Alles of niets, dat was het. Tegen Sandra zei hij weleens dat ze blij mocht ijn dat hij niet aan de drugs was.

Dat helemaal niet drinken kon hij maanden volhouden, zelfs en halfjaar. Zoals hij ook periodes had dat hij geen mensen wilde zien. Dan zei hij tegen Sandra dat ze maar met Jan moest uitgaan en dat ze veel plezier moesten maken. Jan vond dat in het begi onwennig: meende hij dit nou? Als ze terugkwamen, wilde hi ook nog eens alle goede verhalen horen over alle leuke dinge die ze hadden gezien en beleefd, en leek hij daar oprecht van t genieten. Alsof het verháál over de lol al voldoende was. Jan: 'I vroeg hem weleens wat dat nou precies was, waarom hij op zulk momenten zo op zichzelf wilde zijn. Maar als het *to the poin* kwam, zei hij altijd: we gaan het er nu niet over hebben.'

Hij had zelfs op zijn vijftigste verjaardag volgehouden niet t drinken, want die viel in zo'n alcoholvrije periode. Het was ee uitbundig feest, op het Dok, de 'werfplek voor verpozing e creatieve manoeuvres' waar ze een volledig varken aan het spi serveerden, en 's avonds met zijn allen in een verrijdbaar bubbel bad sprongen. Ze maakten zoveel lawaai dat de politie polshoogt kwam nemen, precies op het moment dat de overblijvers in he bad lagen. Van zijn jeugdvriend Franky en zijn vrouw Annuschk had Luc een cadeau gekregen waar hij de hele avond lol om ha gehad.

Annuschka: 'Dezelfde pornoboekjes die hij vroeger stieken las.'

'Nou ja, porno...' lacht Franky. 'Boekjes vol kabouters me een grote penis.'

'En een doos Kleenex. Ook net als vroeger.'

Dat te véél drinken kon hij eveneens lang volhouden: een paa dagen aan één stuk. Om daarna twee dagen zijn bed niet uit t komen, en tegen Sandra en Noelle te zeggen dat hij nooit meer nee echt nooit meer zou drinken.

De agenda die Noelle doorstuurde was steeds zijn *wake-upcall*

Luc rekende terug vanaf het moment dat Noelle voor de deur zou staan om hem op te halen voor een show. De dag ervoor: weer een toonbaar mens worden. De twee dagen voor die dag: uitkateren. De dagen voor die twee dagen: drinken. Nooit miste hij een optreden, en dat was tegelijk het probleem, want daardoor leek zijn drankgebruik geen probleem meer.

De afspraak was: voor het optreden een pintje of een cava, dat mocht. En eenmaal op het podium ook drinken, dat eveneens, al maakte Noelle zich altijd zorgen als Luc aan de wijn ging, want hij kon tussen elk nummer een wijnglas achterover slaan alsof het een shotje was.

Het begon vaker voor te komen dat Luc zich leek te hebben vergist in zijn telling: dat hij nog niet helemaal hersteld was wanneer Noelle voor de deur stond om hem op te halen. Voor Sandra en Bruno was het nog erger, want die maakten ook de dagen daarvoor mee. Een optreden was misschien niet de enige reden om hier eens mee op te houden, opperde Sandra. Ook de sfeer thuis, of de confrontatie van zijn opgroeiende zoon met een vader en een fles whisky in de keuken. Op zulke momenten werd hij venijnig: noemde ze hem soms een slechte vader? Dat niet, maar wel een inconsequente: 'Als hij dan een paar dagen later had besloten dat hij het leven weer ging oppakken, hing hij opeens de strenge vader uit die van Bruno wilde weten hoe het ervoor stond met het huiswerk. Dat hij een paar dagen ervoor nog overbodig had verklaard.'

De avond in Heist was een ramp geweest: met een kater was hij begonnen, dronken was hij geëindigd. Vanaf de passagiersstoel begon Luc een verhaal over een optreden dat hij zelf had gezien op de Gentse Feesten, van een artiest die zoveel paljasserij had gebracht dat er van zijn show niets overbleef. Noelle reageerde kwaad en zei dat Luc zelf net het allerslechtste optreden uit zijn hele carrière had gegeven, vol met de meest onnozele paljasserij Hij had zichzelf totaal belachelijk gemaakt. Luc ontplofte, en begon te schreeuwen.

Dat was een zeldzaamheid. Veruit de meeste mensen hadden Luc nog nooit kwaad gezien, al werkten ze al decennia met hem. In al hun huwelijksjaren had Sandra Luc maar een paar keer zien ontploffen. Luc was in alles een binnenvetter, een conflictvermijder pur sang. Hij kon imploderen, maar nauwelijks exploderen Als hij het een keer deed, werkelijk in woede uitbarsten met een luide stemverheffing, maakte het veel indruk.

Als het Noelle niet meer aanstond, riep Luc, moest hij ermee stoppen.

Noelle zei dat als Luc dat wilde, ze er nu mee stopten. Ze waren niet getrouwd: hij zou Luc nog thuis afzetten en dan was hun samenwerking afgelopen.

Luc zei niks meer, Noelle ook niet, zwijgend reed Noelle naar de Ossenstraat in Gent. Daar stopte hij voor Lucs huis.

Luc stapte uit en vroeg aan Noelle hij hoe laat hij hem volgende week kwam ophalen voor het volgende optreden.

O, mijn oude hart
Je slaat maar door
Je doet het al zo lang
Ben je nog niet moe
Ik heb zoveel nederlagen geleden
En ik raakte zoveel liefde kwijt
Maar jij kon het allemaal overleven
Bedankt voor de kostbare tijd

Gorki – 'Mijn oude hart' (van het album *Homo erectus*)

Luc had een citaat van Charles Baudelaire dat hij graag noemde of parafraseerde in interviews, en in zijn roman *De rest is geschiedenis* zelfs door een non liet herhalen: 'Wees altijd dronken. Daar gaat het om: dat is het enige. Om niet de te afschuwelijke last van de Tijd te voelen die je schouders verbrijzelt en je naar de aarde toe drukt, moet je je onophoudelijk bedrinken. Maar waaraan? Aan wijn, aan poëzie of aan deugdzaamheid, dat moet je zelf weten. Maar bedrink je.'

Luc was gulzig, gulzig in alles. Dat zag Noelle als een van zijn voornaamste taken: Luc temperen.

Waar het Gorki betrof, was 2014 eigenlijk een geweldig jaar. Noelle had jarenlang met gemengde gevoelens moeten toezien hoe bij ieder nieuw album de door Firmin Michiels bedachte verzamelaar van Virgin weer begon te verkopen, soms nog beter dan het nieuwe album zelf. Het album met twee koeien op de cover (een keuze van Michiels en een 'belachelijke hoes' volgens Noelle) werd nog net niet gratis weggeven, zo goedkoop lag het overal in de winkel. Bijkomend nadeel was dat alle mensen die dit album kochten, geen nummers leerden kenden van alle albums na *Ik Ben Aanwezig*. Noelle wilde het aankomend vijfentwintigjarige jubileum van Gorki gebruiken om uitgebreid bij het repertoire van de band stil te staan, dus bracht hij een nieuwe verzamelaar uit: een dubbel-cd met alle singles van alle albums, in chronologische volgorde, uiteraard aangevuld met de non-single 'Mia', en het nieuwe 'Ninja'.

Luc wilde zoals altijd liever een nieuw album maken, maar platenbaas Noelle hoorde zichzelf redeneren als Firmin Michiels bijna twintig jaar geleden op het hoofdkantoor van Virgin: alles op z'n tijd, eerst een verzamelaar.

Het lukte Noelle voor 2014 een uitgebreide tour samen te stellen, met het vooruitzicht op een theatertour in het voorjaar van 2015 en daarna nog een festivaltour.

Bovendien had Luc sinds 2010 de 'Animal' die hij volgens Jean-Marie Aerts het liefst op drums had: Gorki had met Bert Huysentruyt een beul van een drummer, en met de tegelijktijdig toegevoegde Thomas Vanelslander niet alleen een zeer energieke podiumpersoonlijkheid, maar ook een uitstekende gitarist erbij. Dit was de strafste bezetting van Gorki ooit: een band op stoom en het ideale vangnet voor Luc. Hij kon improviseren wat hij wilde, gitaarpartijen overslaan, opeens iets heel anders doen dan bedacht of verwacht: de stootkracht van deze band ving alles op. Luc genoot van de flamboyante drumstijl van Bert. Als die een extra roffeltje plaatste, draaide Luc zich om en keek hem grijnzend aan. Dat deed Bert elke show, waardoor Luc elk optreden een paar regels miste.

Een belangrijk optreden van de tour was op de Gentse Feesten, waar ze voor een grote menigte begonnen met 'You'll Never Walk Alone'. Op het nieuwe verzamelalbum stonden ook enkele nummers van *Hij leeft*, dus ze speelden op deze tour ook 'Beste Bill' weer, zoals het ooit bedoeld maar nooit opgenomen was, op een marsritme van drums. Na 'Lang zullen ze leven' zei Luc: 'Ik heb het een beetje warm en ik ga mijn T-shirt uitdoen, is dat goed?

En jullie mogen dat ook allemaal doen.' Erik deed het ook. En daar stonden ze de rest van het optreden: halfnaakt en genietend, de bourgondiërs van de Vlaamse rock-'n-roll. Patrick Riguelle: 'Wat een plezier was dat om naar te kijken. Zo heerlijk ostentatief met hun vette pensen: zo mooi. Geen enkele band die dat doet, zoveel *ampleur*, zoveel plezier.'

Luc maakte op dat podium een alleszins gelukkige indruk.

Hij had pittige gesprekken met Noelle gehad over zijn drankgebruik en deze tour. Daar was een keiharde afspraak uit gekomen: geen alcohol. Het was voor Noelle een verre van ontspannen tournee: bij iedere show was hij bang dat dit de avond zou worden waarop het alsnog misging. Bassist Erik: 'Het leek soms wel of Luc alsnog in zijn puberteit terecht was gekomen.'

De schrik zat erin bij Noelle. Een keer een vriend onverwacht aan de deur of een cafébezoek en het zou misgaan, en flink ook. Ze werden er allebei ook een beetje paranoïde van. Noelle keek de hele tijd met een schuin oog naar wat Luc bestelde, ook bij het eten. Luc verdacht iedereen van de crew of band die een keer een Spa bestelde ervan dat te doen om hem niet in de verleiding te brengen, raakte dan geïrriteerd en schold ze uit voor mietjes.

Noelle had ook gezorgd dat op het podium de verleidingen zo klein mogelijk waren: de band speelde veel nummers achter elkaar door. Merkte de band dat een anekdote van Luc de lange kant op ging, een moment waarop hij doorgaans iets wilde drinken, dan moest Bert gewoon aftikken, desnoods nog halverwege het verhaal.

Op het podium dronk Luc thee, en hij bleef in de microfoon verkondigen dat het cognac was. Het bleef Noelle zelfs na al die jaren verbazen hoeveel waarde Luc hechtte aan dit soort rock-'n-rollclichés. Geregeld kreeg hij vanuit het publiek een glas bier aangeboden. Dan nam hij het aan, bedankte de gever, zette het opzij en zei dat hij eerst even zijn cognacje zou opdrinken. Het kwam een paar keer voor dat iemand in het publiek een slok wilde van die cognac. Op het moment dat die festivalbezoeker uit wilde roepen dat het helemaal geen cognac was, grapte Luc dat hij erin gepist had, en viel de opmerking over de thee weg in het gelach en applaus.

Hij hield het vol, zelfs op de Gentse Feesten. Toen Luc tegen het eind van de Gentse Feesten na een optreden met Gorki in Puurs nog snel de stad inging, wist Noelle dat de ban gebroken was.

Zelfkwelling kleefde aan Luc, wist iedereen die hem goed kende. En zelfs iedereen die alleen zijn werk kende: het sprak uit zijn boeken, het weerklonk uit zijn teksten. Patrick Riguelle: 'Het zat diep, maar het leek nooit de overhand te krijgen. Omdat hij het conflict uit de weg ging, ook dat met hemzelf.'

Er waren vaste patronen: wanneer een tour was afgelopen of de drukte rond het uitkomen van een plaat voorbij was, werd zijn gemoed een tijdlang zwaar. Er waren ook twijfels die steeds terugkwamen. Over de band, over Noelle, over zijn huwelijk. Hij toonde zich niet aan iedereen gelijk: thuis klaagde hij over de band, tegen de band over Noelle, tegen vrienden over Sandra en de band en Noelle.

Er waren de terugkerende verzuchtingen. Was hij maar, had hij maar. Was hij maar een hiphopper die gewoon de decadentie durfde te omhelzen, met al dat goud om hun nek. Was hij maar een tiener die naar techno luisterde en zich daarmee over kon geven aan de leegte. Was hij maar als die jongeren in de Culture Club, waar hij ook naar binnen mocht omdat hij Luc De Vos was, maar natuurlijk allang niet meer thuishoorde, tussen de meisjes met glittertjes op hun wang, vol levensvreugd die hij ook wilde hebben. Leefde hij maar werkelijk in Hedonia. Was hij maar Surfer Billy.

De jonge, getormenteerde versie van zichzelf, die hij volgens Rick de Leeuw ook meenam naar zijn uitgeverij en die daar zijn ogen uitkeek: het leek ook een kwelgeest die hij maar niet kon afschudden. Hij was zo innemend omdat hij zich kon verwonderen als een klein jongetje, tegelijk leek precies dat perspectief vol onvervulde verlangens zich ook tegen hem te keren. De man die op zijn tweeënveertigste al zei dat hij bijna vijftig was, die als jongen op zijn eerste demo zong dat hij oud werd, werd oud – en nu?

Tegelijk wist iedereen dat hij niet anders wilde, en zo wel, dan nog steeds nooit anders had gedurfd. Wat moest Luc zonder Gorki, zonder Noelle en zonder Sandra? Ondenkbaar. Bovendien: stoppen met Gorki, breken met Noelle en scheiden van Sandra, dat vereiste een keuze maken, een besluit nemen en vervolgens dat besluit uitvoeren. Voor die drie stappen leunde hij juist op Sandra en Noelle.

Sandra zag van het dichtstbij hoe dat werkte in Lucs hoofd. Na de laatste plaat besloot hij voor de zoveelste keer te stoppen met Gorki. Hij zou de band opheffen. Het voelde als een enorme opluchting. Zo groot dat hij weer overal zin in kreeg. Al helemaal in spelen met Gorki.

Ze daagde hem ook uit, bijvoorbeeld wanneer ze zag dat hij voor de zoveelste keer verliefd was op een nieuwe onbereikbare liefde. Moest hij nou echt de rest van zijn leven bij dezelfde vrouw blijven, verzuchtte hij weleens, ook tegen die vrouw zelf. Sandra: 'Dan zei ik: ga dan eens een keer met zo'n andere vrouw uit. Dóé het dan, in plaats van je te wentelen in zelfmedelijden.'

Een keer was hij verliefd op een meisje, en kondigde hij aan dat hij met haar ging eten. Sandra zei dat hij dat zeker moest doen. Twee uur later was hij weer thuis, en deed zijn beklag tegen Sandra. Wat een lastige avond was dat geweest! Het was alsof hij zich pas aan tafel in dat restaurant had gerealiseerd dat hij ook werd geacht een gesprek te voeren, en niet kon volstaan met alleen maar uren amechtig naar het meisje staren.

Zijn onhandigheid met vrouwen was onder zijn vrienden niet voor niets legendarisch. Net als zijn opvattingen over seks, die meer deden denken aan erotische films uit zijn jeugd dan aan de porno van de moderne tijd. Sandra: 'De Wilfried uit zijn roman *De laatste mammoet*, die op tien meter afstand stiekem naar een meisje op het strand kijkt, opgewonden door het zicht op de zijkant van een borst: dat was Luc.'

Zijn vriend Jan had soms het gevoel dat hij, terwijl hij een vrouw aansprak, al in zijn hoofd een column zat te schrijven over de mislukking. Het leek wel of Luc zelfs opgelucht was als het mislukte: dan zat het erop en had hij het in ieder geval geprobeerd. Hij zei er nog net niet ter geruststelling bij dat het niet persoonlijk was.

Het was bassist Erik, die hij tijdens iedere Gorki-show aaide op het podium, al vaak opgevallen dat hij ook lichamelijk gemakkelijker zijn genegenheid toonde aan mannen dan aan vrouwen. Wim, Bruno en Jan waren met Luc tijdens hun vakantie in Frankrijk op een terras terechtgekomen waar Luc constant aan het loeren was naar twee vrouwen aan een tafel naast hen. Waarom sprak hij ze niet gewoon aan, vroegen zijn vrienden. Toen hij eindelijk voldoende moed had verzameld, liep Luc naar het tafeltje naast hen, en kwam hij met wellicht de minst kansrijke openingszin aller tijden: '*Are you her mother?*'

Hij was een wonderlijke combinatie van wijsheid en wereldvreemdheid. Op elk gebied. Vriend Bruno: 'Luc kon op sommige vlakken bijvoorbeeld heel gierig zijn en op andere met geld smijten. "Ik had goesting om aubergines klaar te maken, en ja, die waren 16 euro per kilo! Dus die heb ik niet gekocht." En dan dezelfde avond op café en in het restaurant voor alle anderen afrekenen. Hij had werkelijk geen idee van geld. Hij kon ook echt overdonderd worden door prijzen, dat was geniaal. Als normale mensen op de luchthaven van Stockholm staan en ze bestellen allebei een paar broodjes en twee flesjes wijn, dan schrikken ze niet als dat vervolgens 48 euro blijkt te kosten. Luc wel, die stond echt klaar met een briefje van vijf in zijn hand. Hij kon zelfs bellen over prijzen. Dat iets enorm duur was, waarna hij het altijd terugrekende in franken. "Drie euro voor een bussel peterselie! Honderdtwintig frank!" Maar ook dat iets heel goedkoop was. En dat was dan altijd een enorm verhaal. "Ik moest een boormachine kopen, dus ik ging naar een handelaar in boormachines en zeg tegen die man: beste man, geeft u mij eens een boormachine. En die mens geeft mij een enorme boormachine, in een nog grotere doos, en ik haal drie briefjes van vijftig uit mijn zak en geef die aan die mens, en die zegt: maar het is maar 69 euro. Voor een boormachine! Zo weinig!"'

En dan moest hij zo hard om zichzelf lachen dat Bruno er ook om moest lachen.

Tegelijk had die wereldvreemdheid ook een andere kant. Bruno had weleens de indruk dat de wereld net iets te zwaar was voor Luc. De kleine verplichtingen van het leven. Gewoon naar een trouwfeest gaan en daar functioneren, je verhouden tot anderen: allemaal moeilijk. Bruno: 'Dan ging hij ervandoor, ging hij drinken, onnozel doen of terugvallen op het typetje Voske.' De wereld zonder verdediging tegemoet treden zoals die was: hij kon het nauwelijks. Maar Luc zou nooit een eind aan zijn leven maken, was de overtuiging van Bruno, en van Jan, en van al zijn vrienden. Daarvoor hield hij te veel van zijn omgeving, van Sandra en van hun zoon.

Op 10 oktober overleed Lucs moeder op zevenennegentigjarige leeftijd. Ze woonde al een paar jaar in een verzorgingstehuis. Haar kinderen kwamen er nog vaak op zondag. Dan was er taart en whisky, net als vroeger thuis. Luc kwam steeds minder. Drie jaar voor haar dood was haar huis verkocht, en Lucs broers en zussen moesten talloze keren vragen of Luc zijn spullen eindelijk eens kwam ophalen. Ze vonden ook dat hij te weinig langskwam bij zijn moeder. Broer Erik: 'Hij kon dat niet aan, volgens mij.'

Sandra en Luc reden na haar dood naar het verzorgingshuis, waar alle kinderen van Irma de Puydt samenkwamen. De kleine kamer zat helemaal vol. Het was druk en het ging over praktische zaken. De dienst, de kist. Luc was stil, ook toen het ging over de foto voor op het bidprentje. Uiteindelijk koos Sandra die foto, gemaakt op hun bruiloft. Irma de Puydt stond erop als een sterke, statige vrouw. Dat leek Sandra passend, en dat vonden de anderen ook.

Irma de Puydt werd begraven in de kerk van Wippelgem. Luc was gesloten in de dagen rond de begrafenis, hij kroop diep in zijn schulp.

Luc en troost gingen niet gemakkelijk samen, wist Sandra al jaren. 'Ik vond dat zijn gebrekkigste kant. Ik heb een paar keer tijdens onze relatie groot verdriet gehad, en nooit het gevoel dat hij me kon helpen. Hij werd er heel ongemakkelijk van. Hij kwam niet verder dan: legt u in de zetel, ik zal koffie brengen.

En een uur later: zal ik u anders een ei bakken? Hij had geen talent voor het concept troost, hij viel dan terug op de bekende paden: voedsel en warmte. Nooit een uitnodiging om uw hart uit te storten. Ik heb na Bruno twee keer een miskraam gehad en het daar ook zwaar mee gehad, maar dat hebben we niet samen kunnen verwerken. Ik vond dat heel jammer, het heeft me geraakt en ook anders naar hem doen kijken. Maar als hij zelf problemen had, kon hij ook niet om die troost vragen. Ik denk dat ik het dichtst bij hem ben geraakt, maar zijn instelling was: het is nu eenmaal zo, niemand kan me daar bij helpen, het is mijn probleem. Hij zal in zijn jeugd nooit iets te kort hebben gehad, maar het gevoel van een warm nest heeft hij niet gekend, en dat heeft hem zijn hele leven parten gespeeld in zijn relatie en vriendschappen. Het idee dat je er uiteindelijk toch alleen voor staat, dat zat heel sterk in zijn hoofd. Je hoort het niet voor niets terug in veel van zijn teksten.'

***

Jan Bekaert was niet alleen zijn vriend, maar ook zijn drinkebroer. Ze gingen samen naar optredens in de Video op de Oude Beestenmarkt, en daarna nog wat drinken in de Charlatan of in Trefpunt. Luc was geen nachtbeest, dus al te laat waren ze meestal niet thuis. Maar Jan wist ook wat er vervolgens vaak gebeurde: Luc nam afscheid van Jan, stapte zijn huis in, liep een paar minuten later weer naar buiten op weg naar de nachtwinkel, waar hij sterke drank kocht en thuis verder dronk.

Lucs alcoholgebruik werd problematischer. Jan had het er moeilijk mee: hij was zijn vriend en dus bezorgd, maar juist hun cafébezoek leidde na een periode van geheelonthouding vaak ook een nieuwe fase van te veel gebruik in. Hij was dus ook de mede-aanstichter. Aan de andere kant: 'Luc was geen klein kind, en ik hou nu eenmaal niet van cola.'

Als Luc Jan voorstelde om binnenkort een pintje te gaan drinken, wist Jan dat er een nieuwe periode van veel drank aanbrak en ging hij met Sandra praten om haar voor te bereiden. Samen hoopten ze dan dat Luc zich nu wel kon beheersen. Tegelijk begon Sandra het ronduit zielig te vinden, wat ze een zeer onaangenaam gevoel vond bij de man van wie ze zoveel hield. Ze had een paar keer gezegd dat ze zou weggaan als hij niet ophield met drinken, had het ook een paar keer gedaan. Dan kwam Luc zijn excuses aanbieden en beloofde hij zijn leven te beteren, wat hij aanvankelijk ook altijd deed.

Een kwade dronk had hij nauwelijks. In zeer uitzonderlijke gevallen kon hij 's nachts opeens luid het respect opeisen dat hij te weinig had gekregen, maar meestal werd hij vooral emotioneler en aanhankelijker. Het waren de dagen erna die steeds kwaadaardiger werden. Sandra, Jan en Luc bespraken de mogelijkheid van een definitief afscheid van de drank. Van het katholicisme naar het calvinisme. Jan ging met Luc op gesprek bij een psychiater, verbonden aan een alcoholkliniek. Geen optie voor Luc, bleek al snel. Het zou nooit geheim blijven, en bovendien waren de sessies in groepsverband. Aan de zin van een gewone psycholoog twijfelde Jan enorm: die zou nooit vat kunnen krijgen op Luc, de meesterverteller die zich onder elk moeilijk gesprek uit wist te wurmen, desnoods door de ander in alles ruiterlijk gelijk te geven. Bovendien was hij er te trots voor. Hoe vaak had hij niet tegen Sandra gezegd dat therapie een ziekte van deze tijd was?

Het grootste probleem was ook niet de drank, maar zijn gemoedstoestand. Een enorme zwaarmoedigheid leek hem soms te overvallen. Jan had er veel vragen over, maar Luc had geen antwoorden. Hun vriend Wim Defoort had al jaren geleden afgeleerd Luc naar een waarom te vragen. Luc was niet de man van een daarom. Wim had zich ermee verzoend dat iedereen Luc mocht en vaak zelfs een bijzondere band met hem dacht te voelen. Maar niemand kende hem, ook zijn beste vrienden niet. En Sandra had weleens de indruk dat hij zelf ook niet echt wist wat hij dan wel wilde. Ze kende zijn inmiddels klassieke reactie bij pogingen erover door te praten: 'Ge kunt de dingen ook naar de kloten praten hè, Sandra?' Hij benadrukte altijd dat ze zijn wisselingen van gemoed zeker niet persoonlijk moest nemen. Dat klonk redelijk, maar was lastig.

Toen Jan bleef doorvragen, zette Luc een keer het laatste album van Gorki op. 'Ik ben op de vlucht voor mijn buikpijn / Maar ik verga dus ik besta' – nou, dát dus. Dat was toch duidelijk?

Alles wat van belang was in zijn leven leek hij momenteel te ervaren als een blok aan zijn been: zijn band, zijn huwelijk, zijn jeugd. Als Luc dronk was die buikpijn er niet. Dat werkte. En wat voor Luc werkte, dat bleef hij herhalen.

Soms werd Jan kwaad: het leven was voor níémand alleen maar gemakkelijk. En al was Luc misschien een gevoeligere ziel dan veel van die andere mensen, hij had wel een vrouw en een kind die veel van hem hielden, en aan wie hij tegenover Jan talloze malen uitvoerig de liefde had verklaard. Sandra, met wie Jan hem zo vaak zo hard had zien lachen. En een zoon die inmiddels op een leeftijd was gekomen dat hij dit niet bleef pikken, zo'n vader die dagenlang lusteloos op de bank hing met een houten kop en die vond dat iedereen hem nu met rust moest laten. Misschien moest hij voor één keer in zijn leven de confrontatie eens aangaan, zei Jan, en wel met zichzelf.

Help me dan, zei Luc soms. Dan werd hij, de man bij wie

lichamelijk contact altijd samenging met ongemak, opeens heel fysiek, klampte zich met dat bonkige lijf stevig aan zijn pezige vriend vast. Die vond het vooral verwarrend: als Luc dit deed, moest hij zich wel ontzettend slecht voelen. Tegelijk legde hij de oplossing opnieuw in de handen van een ander. En dat wist hij zelf ook. Dat was ook het probleem: alles wat Jan en Sandra en Bruno en wie dan ook zouden willen zeggen, wist Luc zelf ook al.

***

In november was Lucs agenda tamelijk leeg. Sandra had dat allang zien aankomen, en zich zorgen gemaakt. Luc had structuur nodig. Vroeger, toen Bruno klein was, gaf zijn zoon die structuur: dan móést Luc wel opstaan en Bruno's boterhammen smeren. Als Gorki tourde gaf de band structuur. Luc was weliswaar bezig aan een nieuw boek, en met Gorki aan een nieuwe plaat, maar enige haast was er niet. Er stond een nieuwe theatertournee gepland, maar pas in het voorjaar. Ze waren in de thuisstudio van Erik al aan het werken aan nieuwe nummers. Een paar waren in een vergevorderd demostadium: 'Hippiemeid', 'Erik is mijn broer', 'Net als in Holland' ('Doen wij soms een beetje raar') en 'Steinerschool'. Een paar repetities waren niet doorgegaan, dus ze lagen iets achter op schema. Soms kwam Luc niet opdagen of was hij na een uur alweer weg. Noelle belde altijd naar de band na een repetitie, hoe het was gegaan. Als hij hoorde dat Luc niet was geweest, wist hij voldoende.

Vlak bij het huis van Luc en Sandra had Luc een klein appartement, met een woonkamer, twee slaapkamers en een door Jan gebouwde keuken, waar hij werkte, en waar hij zich ook kon terugtrekken wanneer hij alleen wilde zijn. Of waar Sandra hem juist dringend verzocht naartoe te gaan als hij toch alleen maar met een kater op de bank zat.

Hij was daar vaak de laatste tijd. Jan had hem er een paar keer totaal van de wereld aangetroffen. Eén keer was het zo ernstig dat hij een ambulance had laten komen. Luc was razend geweest en schold hem uit voor smeerlap. Jan zei dat hij dit een volgende keer weer zou doen. Als Luc dat niet wilde, moest hij hun vriendschap maar verbreken. 'Ge zijt een smeerlap!' riep Luc opnieuw. Daarna was het weer goed.

Op de dag dat hij 's avonds moest voorlezen in een bibliotheek, ging Jan 's ochtends bij hem langs. Luc zette *After the Gold Rush* van Neil Young op, keihard. Hij zag er uitgesproken slecht uit, volstrekt van de kaart. Noelle zou hem gaan ophalen, was aan de deur geweest, had één blik op Luc geworpen en wist toen genoeg. Hij had de voordracht afgezegd. Dat was in de geschiedenis van Gorki en Luc als performer nog nooit gebeurd.

Een week later, op zaterdag 29 november, was zoon Bruno jarig. Luc had geslapen in zijn werkappartement, maar was 's ochtends niet naar huis gekomen, terwijl hij dat wel met Sandra had afgesproken. Ze belde hem, maar hij nam niet op. Ze belde Bruno Matthys, en liep samen met hem naar het appartement. Daar vonden ze Luc. Hij zat in zijn zetel.

In zijn archief zat nog een citaat van Pessoa, dat hij lang had gekoesterd, maar dat hem de afgelopen maanden leek te zijn ontglipt: 'Laten we, omdat we geen schoonheid kunnen halen uit het leven, tenminste daaruit schoonheid halen. Laten we van onze mislukking een zege maken, iets hoog en positiefs met zuilen, majesteitelijkheid en geestelijke instemming.'

Epiloog

De tijd die vloog voorbij
En voor hij het wist
Was hij allang weer verdwenen

Gorki – 'Zal ik het ooit begrijpen' (van het album *Vooruitgang*)

Vriend Jan: 'Eén keer per week zie ik Luc door de stad lopen. Wouter Deprez schreef laatst een column over het fenomeen dat je mensen kunt verliezen die je dierbaar zijn, en dat je ze maanden of zelfs jaren later nog steeds geregeld ziet rondlopen in de stad. Ik heb dat ook met Luc. Nog steeds, twee jaar na zijn dood.'

Vriend Wim: 'Ik ook. Ik zie hem vaak lopen als ik naar buiten kijk door het gordijn. Dan zie ik hem wandelen door mijn straat, met zijn muts op. En dan denk ik: *all right*!'

Jan: 'Deprez schreef in die column dat er eigenlijk twee reacties op die situatie bestaan: sommige mensen zakken terug in de diepe rouw die ze voelden meteen na het verlies. En bij andere mensen roept het vooral de leuke herinneringen op. Ik heb dat laatste. Ik vind het zeer aangenaam om Luc te zien lopen.'

Noelle: 'Luc is constant aanwezig. Bij mij alleen al om allerlei praktische redenen, vanwege Zondag Vosdag, en vanwege allerlei lopende zaken. Maar ik denk ook bij iedereen die fan was. Hij wordt nog steeds gedraaid: "Mia" staat nog steeds heel hoog in de jaarlijsten.'

Wim: 'Bij die eerste editie van Zondag Vosdag had ik wel een serieus dipje.'

Jan: 'Die dag was voor mij de afsluiting van een periode van diepe rouw.'

Vriend Bruno: 'Het kwam te snel voor mij. Ik was blij met Herman Brusselmans, die zei dat Luc en hij géén vrienden waren, maar gewoon *compagnons de route*. Ik had al genoeg mensen gehoord die beweerden ze dat ze een goede vriend van Luc waren.'

Jan: 'Dat kan toch? Dat al die mensen dat persoonlijk zo hebben ervaren?'

Wim: 'Hij kon iedereen die hij op straat tegenkwam het gevoel geven dat ze een goede vriend van hem waren, dat was juist zo bijzonder.'

***

Drummer Bert: 'Gorki was Luc en Luc was Gorki. Wij waren Lucs begenadigde begeleidingsband. Dus zonder Luc is er geen Gorki meer.'

Roadie Eric Verberdt: 'De sfeer rond die band was uniek. Dat heb ik daarvoor en daarna nooit meer meegemaakt, zo kameraadschappelijk. Het leek nooit op werk.'

Bert: 'Voor ik bij Gorki speelde, kende ik hun bijnaam al: het rijdende restaurant.'

Noelle: 'Op de een of andere manier trokken we mensen aan die graag eten en dronken.'

Bert: 'Ik zie nog het gezicht van Luc voor me toen bij de repetities voor onze laatste tour het nieuws binnenkwam dat de plek waar we repeteerden alleen vegetarisch eten serveerde. Het culinaire aspect van Gorki was extreem belangrijk. Belangrijker dan bijvoorbeeld repeteren. Mijn eerste optreden met Gorki was meteen heel groot: op het Dranouter-festival. Vijftienduizend man. Ik wilde "Mia" oefenen. Luc zei: "Dat kun je wel." Ik zei: "Maar dat heb ik nooit gespeeld." Luc zei: "Het is heel simpel. Volg mij maar gewoon."'

Drummer Eric Bosteels: 'Dat komt me bekend voor. Bij mijn eerste repetitie hadden we om twaalf uur afgesproken. Ik zit daar te wachten. Om halfeen: nog niemand. Een uur: nog niet. Kwart na een komt Vos binnen, met zijn gazet. Iets later komt Biesen binnen, die zegt meteen: eerst kakken! Vos blijft lezen. Dus na een tijdje vraag ik: zeg Vos, zullen we niet eens een nummertje spelen? Ah, oké. O ja, de setlist. Hij begint de nummers op te noemen. "Soms vraagt een mens", ken je dat? Ja. Oké, mooi. Hoefden we dus niet te spelen. "Molly", ken je dat? Heel snel daarna zaten we op café.'

Toetsenist Luc: 'Luc had het vertrouwen dat het altijd wel goed kwam. Ook met een nieuwe tour, na een dag repeteren en vier dagen op café. En dat was ook zo. Zelfs als we het gevoel hadden dat we echt op de verkeerde plek stonden. Of dat we, zoals een keer in Oostende, het gevoel hadden dat een deel van de zaal een Russisch strijkorkest had verwacht. Een paar nummers en Luc had de zaal weer ingepakt.'

***

Wim: 'Ik mis hem het meest in absurde situaties. Of in situaties die met hem erbij absurd zouden zijn geworden. Ik overnachtte laatst in een heel surrealistische bed and breakfast, waar ik op een deur een sticker zag van "Motorclub Zat & Onderwege". Met Luc erbij was dat meteen onvergetelijk geworden. Zouden we daar samen zijn geweest, dan hadden we hier nog maanden op kunnen teren.'

Jan: 'Sommige dingen worden niet meer beter dan ze met Luc waren. Die doe ik dus niet meer.'

Wim: 'Naar de laatste Rock Rally ben ik niet meer geweest. Dat klopt niet zonder Luc. Was ik daar geweest, dan zou ik alleen maar aan hem gedacht hebben.'

Vriend Bruno: 'Luc en ik waren ongelooflijk zot van die extreem domme en simpele Franse slapstickfilms uit de jaren zestig. Daar zat vaak een acteur in, Michel Galabru, die feitelijk de sidekick van Louis de Funès was. Zo'n acteur die niemand kent en tegelijk eigenlijk iedereen kent. Luc kon hem ongelooflijk goed nadoen. Die mens bleef maar leven. Daar maakten we bij veel gestorven acteurs grappen over: dat Michael Galabru, die nog nooit een hoofdrol had gekregen, ze allemaal overleefde. En januari vorig jaar zag ik opeens een piepklein berichtje, helemaal achter in de krant: "In Frankrijk is in zijn slaap acteur Michel Galabru overleden, op drieënnegentigjarige leeftijd. Hij speelde in meer dan tweehonderd films en bleef tot zijn laatste levensdag acteren." Op zo'n moment mis ik Luc het allermeest.'

***

Noelle: 'Hij was een intellectuele mens, maar deed niets liever dan met de Gorki's in de auto flauwe moppen tappen, of met een vriend naar een concert gaan.'

Jan: 'Maar hij wilde dat nooit mengen. Die werelden liet hij niet door elkaar lopen.'

Noelle: 'Dan klopte het in zijn hoofd niet, die werelden hoorden in zijn hoofd los van elkaar te bestaan. Bovendien: waarom al die mensen bij elkaar zetten en er één groot feest van maken? Dan liever vijf aparte feestjes. Waarbij hij dan ook wist hoe het zou gaan. Welk bandlid al voor welke hoek de eerste flauwe mop zou hebben verteld, en na hoeveel minuten hij zelf zijn boek zou kunnen pakken om te gaan lezen.'

Wim: 'Een gewoontedier, dat was hij zeker.'

Bruno: 'In alles. Zelfs in de inhoud van zijn broekzakken. Een zakdoek, liefst een die hij niet had gewassen maar op de verwarming had gelegd om te drogen. Zijn huissleutel. Een portefeuille, met daarin een identiteitskaart...'

Jan: 'En tandenstokers!'

Bruno: 'We zijn een keer twee dagen naar Londen geweest, en toen had Sandra hem op het hart gedrukt zijn Visa-card niet te vergeten. Die had hij inderdaad meegenomen. Maar dat was al. Geen tandenborstel, geen shirts, niets. Alleen wat Sandra had gezegd dat hij niet moest vergeten.'

Toetsenist Luc: 'In Zuid-Afrika vroeg hij na twee dagen aan Noelle of zijn koffer eigenlijk wel was gearriveerd.'

Bruno: 'We waren in Londen vanwege zijn cd met Automatic Buffalo. Luc had gehoord dat het vroeger de gewoonte was dat je zelf fysiek je cd ging afleveren bij de BBC. Dus al was het inmiddels jaren later, dat gingen we doen. Die receptioniste keek vooral om zich heen waar de candid camera hing toen Luc haar vertelde dat hij een "famous rockstar from Belgium" was. Hij had toen weer zo'n vriend die uiteindelijk maar een maand of zo een maat van hem is geweest, en die was ook mee. Luc was altijd verzot van The Who, en hun musical *Tommy* werd toen opgevoerd in Londen. Luc zei: die moet ik ooit in mijn leven hebben gezien. Ik ga nú kijken waar ze kaarten voor vanavond verkopen. Wij zeiden: goed idee, dan wachten wij hier. Dus hij gaat weg, komt terug, wij drinken nog wat, en tegen achten zegt hij: ik moet gaan. Wij staan ook op, en Luc kijkt ons verbaasd aan. Wij zeggen: we gingen toch naar The Who? Ja, zegt Luc, maar ik heb maar één kaart gekocht.'

Noelle: 'Hij was de meest vrijgevige gierigaard die ik ooit heb ontmoet. Het heeft lang geduurd voor we een perfect financieel systeem voor hem hadden bedacht. In het begin stortte ik gewoon het geld dat binnenkwam op zijn rekening. Dat was dus soms heel veel, en dan kwam er een periode dat we niet speelden en kwam er dus niks binnen. Dan belde hij: "Noelle, er stond geen geld op mijn rekening." Dan zei ik dat dat niet kon, omdat ik vorige week nog honderdduizenden franken had gestort. Ja, maar die staan niet op mijn rekening. Wat heb je daar dan mee gedaan? Op mijn spaarrekening gezet. Dan haal je het daar toch af? Nee, dat is mijn spáárrekening. Op een gegeven moment hebben we besloten dat hij elke maand een vast bedrag kreeg, of Gorki nou speelde of niet. Dat vond hij de max. "Nu heb ik vast werk." Ja, bij de vennootschap Gorki. Zijn eigen vennootschap. Op restaurant betaalden we sowieso met de creditcard van Gorki. De Golden Gorki-card, zoals we die noemden. Luc rekende alles om in Belgische frank, en dat dan weer in biefstuk.'

Bruno: 'Toen we een keer samen naar Straatsburg gingen, zei hij bij het vertrek: ik zweer het u, gasten, ik ga drie dagen geen druppel alcohol drinken. Dus wij komen daar aan, gaan op het eerste terras zitten, de ober vraagt wat de heren wensen. Wij bestellen alle drie een bier, een kleine. Luc is als laatste aan de beurt, zegt "une bière" en geeft met zijn vingers het formaat aan: zo groot mogelijk. Wij zeggen: Luc, maar wat had je nou gezegd toen we vertrokken? "Ja, maar hé, ik heb zo lang in de auto gezeten!" Niet dat hij zelf ooit reed.'

Jan: 'Ik heb nog weleens naast hem gezeten terwijl hij reed, met zijn brilleke op. Maar dat was omdat hij mij niet vertrouwde achter het stuur. Denk ik. Tegen mijzelf heeft hij dat nooit gezegd.'

Wim: 'Soms zei hij dat hij met mij naar een concert wilde, maar uiteindelijk ging hij dan toch niet mee. Ik ben er eigenlijk nooit achter gekomen of hij dan geen zin had. En soms ging hij mee naar een concert waarbij ik het doorhad dat hij het walgelijk vond, zonder dat hij dat zei. Althans, nooit tegen mij.'

Noelle: 'Tegen mij wel.'

***

Bruno: 'In zijn vrijetijdsbesteding kwam Luc zijn afspraken nooit na. Hij loog veel, maar hij kon er niets van. En hij wist ook wel dat ik dan wist dat hij niet de waarheid sprak.'

Noelle: 'Ik zou het zo niet noemen, alleen al omdat je het direct doorhad. En omdat hij het eigenlijk deed uit een vorm van beleefdheid, en om discussies uit de weg te gaan.'

Wim: 'Ik zou het ook niet "liegen" noemen.'

Bruno: 'Hoe zouden jullie het dan noemen?'

Noelle: 'Het "anders omschrijven".'

Jan: 'Ik ben denk ik wel vijf keer met Luc naar de cinema geweest waarbij hij halverwege wegliep. Van hoeveel van uw vrienden accepteer je zoiets?'

Bruno: 'Dat deed hij ook bij optredens, museumbezoeken en debatten. Maar dat was part of the deal. Als je niet tegen dat soort streken kon, kon je geen vriend van hem zijn. In die zin was het een zware opdracht.'

Wim: 'Zo heb ik dat echt nooit ervaren.'

Noelle: 'Blijven zitten bij iets dat hem niet interesseerde omdat andere mensen dat raar zouden vinden: daar trok hij zich niets van aan. Het grappige is dat hij de Rock Rally, en sowieso bij kleine bandjes, wél altijd bleef staan tot de laatste noot, hoe slecht het ook was. Want die muzikanten waren jong, en dan mocht je slecht zijn. Een rare kwiet was het eigenlijk.'

Bruno: 'Heb jij je nooit geërgerd aan Lucs extreme onnozeliteiten?'

Noelle: 'Op televisie nooit. Bij solo-optredens ook niet. Maar in een tent voor tweeduizend man wilde hij weleens paljasserij aangaan met de eerste rij, terwijl de rest van de tent er niets van begreep. Dan wel.'

Bruno: 'Ik herinner me shows met de hele band waar hij na een lang verhaal dan alsnog met het nummer begon, om het na acht seconden nog een keer stil te liggen om toch nóg een anekdote te vertellen. Dan was jij heel boos.'

Noelle: 'Hij mocht die nummers van mij niet te veel verkrachten. Mensen komen toch voor de muziek.'

Wim: 'Ik vond meestal juist dat er niet genoeg paljasserij was. "Mooie show, maar te weinig paljasserij," zei ik dan tegen hem. "Juist!" antwoordde hij. "Gíj moet eens met Noelle babbelen!"'

***

Bruno: 'De uitdrukking "tijd heelt alle wonden" is voor mij wel van toepassing gebleken. Maar ik kan nog altijd niet naar zijn muziek luisteren.'

Jan: 'Dat heb ik ook lang niet gekund. Inmiddels wel. Maar dan wil ik níét gestoord worden terwijl ik luister.'

Bruno: 'Ik heb het ook elk jaar bij van die typische jaarlijkse traditiemomenten. Ieder jaar gingen we bijvoorbeeld bij vishandel De Vis de eerste maatjes halen. Ik één. En Luc iets van vijftien.'

Jan: 'Ik geloof dat aantal meteen. Luc was onverzadigbaar.'

Bruno: 'Wat voorbij is, is het kwaad zijn op Luc. Hij is gestorven omdat hij gestorven is, maar ik was kwaad omdat ik vond dat hij niet voldoende van het leven profiteerde. Nu denk ik: je hebt ervoor gekozen om een turbulent leven te leiden.'

Noelle: 'Hij heeft wel degelijk van het leven geprofiteerd. Hij had zeker gezonder kunnen leven, en dan had hij wellicht langer geleefd, maar misschien ook niet.'

Bruno: 'Ik bedoel meer: wat loop je hier nou ongelukkig te wezen, je hebt zoveel om gelukkig over te zijn.'

Noelle: 'Maar als Luc het had over zijn frustraties, had hij het altijd over zijn jeugd.'

Bruno: 'Dat begrijp ik wel: hij is echt opgegroeid in de middeleeuwen. Zijn vader is geboren voor de Eerste Wereldoorlog. Zijn moeder was een dienstmeid bij rijke mensen. Op hun krant, *Het Volk*, stond voorop: "antisocialistisch dagblad". Probeer je dat eens voor te stellen. Dat is een totaal andere tijd. Dat is het oude België.'

Noelle: 'Hij kon echt jaloers zijn op mensen die wél vroeger een lief hadden gehad, of in hun jeugd wel hadden gedaan wat ze echt wilden. Aan de andere kant: als hij wél gewoon op zijn dertiende een meisje had gekust, dan hadden we al die nummers en boeken niet gehad. Ze gáán er allemaal over.'

Wim: 'Hij danste graag het bal der gemiste kansen. Maar als je alle frustratie die hij uitsprak op een rij zet, lijkt het alsof hij permanent getormenteerd was. En dat was hij zeker niet.'

Jan: 'Nee. Maar dat het gras voor hem in zijn jeugd mooier was aan de overkant, dat is wel waar. Want aan zijn kant was geen gras.'

Noelle: 'Tegelijkertijd is hij wel al die tijd zelf bij zijn moeder blijven wonen. En sterker nog: als het aan Luc had gelegen, was hij zelfs bij zijn moeder blijven wonen terwijl hij al met Sandra was. Hij heeft de ellende ook altijd gecultiveerd. Luc heeft me ook veel verhalen verteld over hoe hij zich heeft geamuseerd in Wippelgem.'

Bruno: 'Er zijn meer groten der aarde die zich hard hebben uitgelaten over hun familie. Van Sartre tot Elsschot. En ook nog veel extremer. In een intellectuele reportage is dat niet erg, maar als hij zich negatief uitliet over Wippelgem in een volks programma waar heel Wippelgem naar zat te kijken, dan kwam dat daar hard binnen.'

Sandra: 'Voor Luc was dat een soort boutade. Hij kon er zelfs het omgekeerde mee bedoelen. Maar die gelaagdheid ging aan veel mensen voorbij, en daar was in zo'n programma ook geen ruimte voor. Dus zou je dat in zo'n programma eigenlijk niet moeten zeggen, maar Luc kon niet anders dan zichzelf zijn.'

***

Vriend Bruno: 'Inmiddels hebben al mijn gedachten van de eerste maanden na zijn dood plaatsgemaakt voor mooie herinneringen, voor bewondering om zijn talent, voor respect voor de mooie mens die hij was. En wat ik enorm mooi vind, is dat Bruno De Vos op een zeer volwassen manier omgaat met het overlijden van zijn vader, en dat heel goed kan plaatsen, en dat het een heel bijzondere en getalenteerde en vrolijke en intelligente jongen is. Hij wil zelfs naar Japan, om sushi te eten. Luc zou het moeten zien: sushi op grootmoeders wijze.'

Zoon Bruno: 'Dat is mijn wraak. Veertien dagen lang rijst eten. Als papa zot deed, maakte hij weleens iets met rijst. Maar het was altijd te slap, of te hard. Biefstuk met friet en een gekke saus, dat was geen probleem voor hem. En die andere dertig klassieke gerechten die hij altijd maakte ook niet. Maar rijst. Ik heb hem ooit gevraagd mij stoverij te leren maken, maar dat is er nooit van gekomen. Ik weet alleen nog dat er een boterham met mosterd in moet.'

Sandra: 'Als hij kookte, werd er niet veel gepraat.'

Zoon Bruno: 'Dat was zijn moment van rust en ontspanning.'

Vriend Bruno: 'Luc heeft als papa geprobeerd de gewoontes en gebruiken van zijn eigen jeugd door te geven aan zijn zoon. En in de eerste plaat was dat: eten. Al die gerechten van zijn moeder, daar heeft hij echt zijn best op gedaan. Er was geen zee in Wippelgem, dus het waren patés en konijnen en biefstukken. Ik vind het wel een natuurlijke reactie dat je dan als zoon op een dag zegt: en nu wil ik de Japanse keuken weleens leren kennen.'

Zoon Bruno: 'Ik kwam altijd terug van school om vier uur, en dan stond hij in zijn blote bovenlijf te koken. Dan moest ik een glas koemelk drinken. Een enorm glas. En een boterham met paté. Dat lustte ik ook niet.'

Sandra: 'Een paar weken geleden zei ik tegen Bruno: zal ik bloedworst maken? Nee, zegt hij, dat eet ik niet zo graag. Ik zeg: hoezo eet je dat niet graag? Dat maakte papa toch zo vaak in de winter, met appel erbij? Jawel, maar dat at ik eigenlijk meer om hem een plezier te doen.'

Zoon Bruno: 'Als hij zegt: "Hier, een lekkere boterham met paté," dan zeg ik toch niet dat ik dat niet lekker vind? Ik was al zo verwend.'

Sandra: 'Hij zei het ook letterlijk: gij zijt de meest verwende rotpummel ter wereld.'

Vriend Bruno: 'Maar het was niet alleen het eten dat Luc doorgaf, ook bijvoorbeeld de taal en de liedjes uit zijn jeugd.'

Zoon Bruno: 'Maar als ik hem erop aansprak dat hij een beetje plat accent had, ging hij meteen anders praten.'

Vriend Bruno: 'En zijn naamdag, die hij belangrijker vond dan zijn verjaardag.'

Sandra: 'Hij was zelf niet zo'n feestvarken.'

Vriend Bruno: 'In tegenstelling tot zijn vrouw, het grootste feestbeest dat ik ken. Ben jij wel van de feestjes?'

Zoon Bruno: 'Echt wel.'

Vriend Bruno: 'Luc was altijd als eerste weg. Zonder afscheid te nemen. Plots was hij weg. Hij gebruikte Bruno ook vaak als excuus. Om nóg vroeger weg te kunnen.'

***

Sandra: 'Bruno is nooit naar de crèche geweest. Weet jij nog wat jullie toen deden?'

Zoon Bruno: 'Onnozel doen?'

Sandra: 'Ja, ook. Maar die liep uren over straat met u. Als ik dan thuiskwam en ik zag de bonnetjes van boodschappen, kwamen die uit de hele stad. Hij was op strooptocht geweest.'

Vriend Bruno: 'Wat Luc de eerste jaren met Bruno gedaan heeft: dat was echt De Nieuwe Man. De vrouw gaat werken en meneer liep de hele dag met papflesjes en fruitpapjes. Hij had Bruno altijd in zijn nek. Heel schoon was dat. Als vriend bewonderde ik hem daar enorm voor, dat zorgende.'

Zoon Bruno: 'Als ik thuiskwam van school, vroeg hij hoe het was. Verder dan "Goed, goed" kwam dat niet. Hij vroeg altijd wat ik gegeten had. Op mijn laatste school kon je 's middags blijven eten. Dat was altijd vrij lekker. Als ik het dan niet op kreeg en hij kwam me halen, kwam hij naast me zitten en at hij het op.'

Vriend Bruno: 'Op woensdagmiddag?'

Zoon Bruno: 'Ja. Echt gebeurd.'

***

Zoon Bruno: 'Op woensdag gingen we vroeger naar de Blaarmeersen, een recreatiepark. Met een rubberboot, uren aan een stuk. Iedere woensdag. Als we een keer níét gingen, vroeg ik me af wat er aan de hand was. De rubberboot kapot of zo? Die rubberboot was trouwens van het model Eagle 2. Omdat je er met z'n tweeën op kon.'

Vriend Bruno: 'Toen jij een klein manneke was, gingen we vaak naar de zee. Luc vond dat je dan niet op een terrasje moest gaan zitten, nee: je móést het strand op. Hij was daar hyperactief. En Brunootje móést mee, en móést zwemmen in de zee.'

Zoon Bruno: 'Ook in november. Ik vind dat niet meer dan normaal.'

Sandra: 'Het ging verder dan dat. Eigenlijk wilde hij altijd en overal zwemmen. Technisch was het niet zo'n goede zwemmer.'

Zoon Bruno: 'Maar hij geraakte er wel altijd.'

Vriend Bruno: 'Hij zwom eigenlijk niet; hij trotseerde. Luc veroverde het water. In zijn Speedo.'

Zoon Bruno: 'Daar heb ik me zo snel mogelijk van gedistantieerd.'

***

Zoon Bruno: 'Echt muziek máken deed hij thuis eigenlijk nooit. Maar wel muziek spélen, met zijn gitaar op schoot in de zetel. Ik ben zelf naar pianoles gegaan, terwijl ik dat totaal niet wou, en hij gebruikte die piano meer dan ik. Ik deed dat absoluut niet graag.'

Sandra: 'Dan moet je niet naar mij kijken, hè?'

Zoon Bruno: 'Jawel.'

Sandra: 'Dat was Luc zijn idee. Hij was er zelf heel gefrustreerd over dat hij geen muziek kon lezen, dus wilde dat Bruno dat wel leerde. Na een jaar mocht Bruno zelf zijn instrument kiezen, maar hij wist niet goed wat, en toen zei Luc: doe maar piano.'

Zoon Bruno: 'Ik wou gitaar.'

Sandra: 'Maar hij wou dat je piano leerde.'

Zoon Bruno: 'Het leek daar wel een kostschool. Met van die donkere kamertjes. We moesten eerst zelf de lijntjes tekenen, en dan een hele pagina vol met noten schrijven. Dat was echt niet tof. De pianolerares was een tang. In een gigantische zaal met in het midden een vleugel zat ik daar met een ander meisje, met wie ik om de beurt moest spelen. Met een soort mirakel ben ik door mijn eerste jaar geraakt. Bij het examen zaten iets van honderd man in een zaal, waar ik dan twee stukken voor moest spelen. Eén kende ik een beetje, één totaal niet. Na zo'n licht applaus ging ik snel naar huis.'

Sandra: 'Na een jaar heb ik tegen Luc gezegd: dit heeft geen enkele zin, want hij oefent niet. En ik ging Bruno meestal halen, dus ík kreeg op mijn donder van haar. Op een bepaald moment heb ik tegen Luc gezegd: vanaf nu is het uw verantwoordelijkheid. Jij moet zorgen dat hij oefent, en jij moet hem gaan halen en brengen. Ik wil die pianojuffrouw niet meer zien. Dat was inderdaad een tang. Dat heeft Luc gedaan, en toen heeft het effectief nog drie maanden geduurd. Maar goed. Verder heeft hij u rot verwend, en altijd uw zin gegeven.'

Zoon Bruno: 'Ik klaag ook niet. In een huis waar zoveel instrumenten liggen, pak je er uiteindelijk al snel een keer eentje op om op te spelen. Maar het is niet zo dat ik ooit zal meedoen aan de Koningin Elisabeth-wedstrijd.'

Sandra: 'Hij vond het tof als hij voelde dat Bruno een liedje leuk vond dat op de radio was. Als het dan de volgende keer er weer op was zette hij de radio harder, of hij leerde het liedje spelen op zijn gitaar en speelde het voor Bruno. Maar hij heeft nooit gezegd dat Bruno ergens een keer naar moest luisteren.'

Zoon Bruno: 'We hadden vaak wel dezelfde smaak. Natuurlijk niet alles. Maar meestal stond Studio Brussel of Urgent op, en daar luister ik nog steeds naar. Hij luisterde zelf ook naar Klara, maar gelukkig niet als ik er bij was.'

Sandra: 'Hij heeft wel een paar maanden voordat hij gestorven is, meegedaan aan een reeks in *De Morgen*, waar ze hem vroegen welke tien platen hij zou meegeven aan zijn kind. Daar stond bijvoorbeeld *Kung Fu Fighting* van Carl Douglas in.'

Vriend Bruno: 'Bruno, herinner jij je dat liedje "Ticket naar de zon" nog? Volgens mij was dat het eerste liedje dat jij zelf tof vond. Dat zong hij altijd voor je als klein manneke.'

Zoon Bruno: 'Dat was een zomerhitje. Een vrij onnozel liedje, maar wel tof.'

Sandra: 'Hij schreef sowieso veel gelegenheidsliedjes, gebaseerd op huishoudelijke situaties. Toen we in Corsica op vakantie waren, zag hij een jetskiracer. Hij maakte dirèct een liedje. Dat ging als volgt: "Jetski-racer / Jetski-racer / Waar je ook gaat / Je neemt altijd de jetski mee". Als hij ergens zongedroogde tomaten kreeg, maakte hij meteen een liedje over zongedroogde tomaten.'

***

Zoon Bruno: 'Hij vertelde niet zo vaak serieuze dingen. En als hij iets serieus zei, dan zei het vaak lachend. Zoals toen mijn oma is gestorven, niet lang voor mijn pa. Toen zei hij: "Kijk Bruno, ik ben nu een wees." In de wintervakantie kijk ik nog steeds ieder jaar de drie *Lord of the Rings*-films. Dat deden we altijd samen. Over die films vertelde hij soms ook iets serieus: dat de hobbits eigenlijk de middenklasse waren, en dat ze de regering omverwierpen. Maar ik weet het niet, *I don't buy it.* Misschien heeft Tolkien het inderdaad zo bedoeld, maar voor mij is het een fantasieverhaal. We keken ook samen naar *Zonde van de Zendtijd.* En naar *Fawlty Towers* en *Cheers.* Echt geniaal. Naar *Blokken* keken we ook. Altijd lachen met die presentator. En naar documentaires van David Attenborough, een echte held.'

Sandra: 'Papa heeft *Jungle Book* enorm vaak met u gekeken. Dan wilde je alleen nog maar naar die zelfde film kijken, weken achter elkaar. Daar heeft hij nog die tekst over geschreven: "Het kind kijkt naar de film / Wel honderdduizend keer". Jij kon daar helemaal in opgaan. Er is ook een periode geweest dat je Luc opeens "vader" ging noemen, omdat Pinokkio dat in de film ook zei tegen Geppetto. Luc vond dat zo grappig.'

Zoon Bruno: 'Toen ik klein was, mocht ik niet naar *SpongeBob SquarePants* kijken. En ook niet naar *Samson en Gert*. Ik weet eigenlijk niet waarom. Misschien haatte hij Gert Verhulst. Maar hij zei altijd dat het aan die hond lag. "Zet die rothond af."

Van één film weet ik dat hij die schoon vond, hij heeft er zelf een liedje over geschreven: *Brokeback Mountain*. We gebruikten de videorecorder niet meer, maar die heeft hij nog voor ons opgenomen. Ik heb hem één keer gezien, maar ben toen in slaap gevallen. Het deel dat ik heb gezien vond ik wel mooi. En hij keek zelf altijd naar kookprogramma's. Volgens mij had hij zelf ook wel door hoe belachelijk het was. Het was niet zo dat hij die recepten meteen ging proberen.'

Sandra: 'Daar ging het hem ook niet om. Hij bleef net zo geïnteresseerd kijken als er in zo'n programma moleculair werd gekookt, en ze opeens gelatineparels van rode biet gingen maken.'

Zoon Bruno: 'Je hebt ook zo'n programma over twee mannen die op hun Harley stappen om dan in Italië te kijken hoe ze daar de beste pasta maken: *Hairy Bikers*. Daar keek hij ook naar.'

Vriend Bruno: 'Hij vond het ook gewoon leuk om naar slechte kookprogramma's te kijken. Zodat hij naar zijn tv-scherm kon schreeuwen: "Wát? Je gaat dat toch niet bakken in olíjfolie!"'

***

Vriend Bruno: 'Ik heb nog nooit in mijn leven een kind gezien gelijk gij, Bruno, dat op zo'n jonge leeftijd zo goed kon praten. Toen je drie was, kon je al beargumenteren waarom je je boterham níét hoefde op te eten. Voor Luc, die niet zo van discussies hield, was dat niet gemakkelijk.'

Zoon Bruno: 'Hij zei altijd dat ik advocaat moest worden.'

Vriend Bruno: 'Hij was er wel supertrots op dat je theater speelt. Toen was hij het verdriet, als je het zo al kunt noemen, over het muziekinstrument al snel vergeten.'

Zoon Bruno: 'Ik heb één keer een stuk gehad waarmee ik op tournee ben geweest, *Vuurtoren*, over vier broers die samen gingen vissen. Het was eigenlijk nog een clichéverhaal, maar ik vond het wel wijs om te doen. Dan kwamen mama en papa altijd mee. Altijd als hij ergens speelde, vroeg hij om fruit en Snickers in zijn kleedkamer. Die nam hij dan mee naar huis, en dat gaf hij me. Ik ging weleens mee naar een festival of optreden. Het is de muziek van mijn papa. Ik vond het niet slecht, maar ook weer niet zo dat ik supertrots was. Het was normaal.'

Vriend Bruno: 'Luister je er nu naar?'

Zoon Bruno: 'Ik heb een paar liedjes op mijn gsm staan. "Boze wolven". En "Ooit was ik een soldaat". En "Ik ben erbij", die vind ik heel tof.'

***

Zoon Bruno: 'We hebben vorig jaar een wandeling gemaakt door Wippelgem, die hadden ze daar georganiseerd om papa te herdenken. Ik vond dat wijs. Je kon zien dat die mensen er hun best voor hadden gedaan, en ook trots waren en blij dat er zoveel volk was. Het was oprecht. Je kunt zeggen van Wippelgem wat je wilt, maar het zijn wel lieve mensen daar.'

Verantwoording en dankwoord

Het archief van Luc De Vos bestaat uit dertien grote dozen. Een klein deel daarvan is zeer geordend: het bestaat uit krantenknipsels en artikelen uit tijdschriften die zijn uitgeknipt en vervolgens keurig in plastic mappen gestoken. Dat is het deel van het archief dat Lucs moeder heeft bijgehouden.

De rest bestaat uit een ongeorganiseerde stapel knipsels en kranten, willekeurig in dozen gestopt. Dat is het deel dat Luc zelf bijhield.

Al citeer ik in *VOS* vrijwel nooit uit de talloze interviews met Luc en artikelen óver Luc en Gorki in vooral Vlaamse kranten en tijdschriften; ik ben ze allemaal tegengekomen in die dertien dozen, heb ze allemaal gelezen en heb er zeer dankbaar gebruik van gemaakt.

Grofweg bestond de research voor *VOS* uit drie delen, en al die artikelen (en tv- en radio-opnamen) samen vormden een van die drie. Het tweede deel waren de boeken, columns en songteksten van Luc zelf, waar ik wél uitvoerig uit citeer. Veel dank voor uitgeverij Atlas Contact en Lucs management voor de toestemming daarvoor.

Het derde en veruit grootste deel van de research voor dit boek waren de vele, vaak lange, niet zelden herhaaldelijke interviews met vrienden en familieleden van Luc, met bewonderaars en kenners van Lucs muzikale en literaire werk, met (ex-)bandleden, crewleden en producers van Gorky en Gorki.

Veel dank voor al jullie tijd, jullie verhalen over en jullie inzichten in Luc.

Heel veel dank, Noelle en Sandra, voor jullie gastvrijheid. En jullie vertrouwen, en dan ook nog 's in een vegetarische Hollander.

Bedankt Oscar en Roel, voor jullie nimmer aflatend geloof in dit boek.
Bedankt Mark Verver, voor je scherpe blik.
Bedankt Bibi, voor alles, altijd.

En vooral bedankt Luc De Vos, voor al het moois dat hij ons naliet.

Leon Verdonschot

Bibliografie Luc De Vos

De verworpenen
(1995, uitgeverij Icarus)

Het woord bij de daad
(2001, uitgeverij Atlas)

De rest is geschiedenis
(2004, uitgeverij Atlas)

De volksmacht
(2005, uitgeverij Atlas)

De laatste mammoet
(2006, uitgeverij Atlas)

Het Mensdom
(2009, uitgeverij Atlas)

Het werk van de duivel en andere columns
(2009, uitgeverij Atlas)

Paddenkoppenland
(2014, uitgeverij Atlas Contact)

De roes van het heden
(2015, uitgeverij Atlas Contact)

Discografie Luc De Vos

Gorky
Gorky (1992)
Virgin

Gorky
Boterhammen (1992)
Virgin

Gorki
Hij Leeft (1993)
Virgin

Gorki
Monstertje (1996)
Virgin

Gorki
Ik ben aanwezig (1998)
Columbia

Gorki
Het beste van Gorki
(1999) Virgin

Gorki
Eindelijk vakantie!
(2000) Epic

Automatic Buffalo
All Men Are Equal
(2001, ep) Lipstick
Notes Records

Automatic Buffalo
Party People (2001)
Lipstick Notes Records

Gorki
Vooruitgang (2002)
Lipstick Notes Records, PIAS

Gorki
Het beste van Gorki – Live
(2003) Lipstick Notes Records,
PIAS

Gorki
Plan B (2004)
Lipstick Notes Records, PIAS

Luc De Vos & Tom Pintens
Kaatje Is Verdronken (2004, ep)
Lipstick Notes Records, PIAS

Gorki
Homo Erectus (2006)
Lipstick Notes Records, PIAS

Gorki
Voor rijpere jeugd (2008)
Lipstick Notes Records, PIAS

Luc De Vos
'K Heb In Mijn Jeugd Gelijk
Een Beest Gezopen (2010, ep)
Lipstick Notes Records, PIAS

Gorki
Research & Development (2011)
Lipstick Notes Records, PIAS

Gorki
Anja – Ninja (2012)
EMI

www.gorki.be